银行业保险业“引进来”和“走出去”机构名录

保险业
“引进来”和“走出去”
机构名录

BAOXIANYE
YINJINLAI HE ZOUCHUQU JIGOU MINGLU

中国银保监会国际部 ◎ 编

中国金融出版社

责任编辑：亓　霞
责任校对：孙　蕊
责任印制：张也男

图书在版编目(CIP)数据

保险业“引进来”和“走出去”机构名录 / 中国银保监会国际部编. —北京：中国金融出版社，2021.7

（银行业保险业“引进来”和“走出去”机构名录）

ISBN 978-7-5220-1231-5

Ⅰ.①保… Ⅱ.①中… Ⅲ.①外资企业—保险公司—中国—名录 ②中资企业—保险公司—中国—名录 Ⅳ.①F842.31-62

中国版本图书馆CIP数据核字（2021）第125101号

保险业“引进来”和“走出去”机构名录
BAOXIANYE “YINJINLAI” HE “ZOUCHUQU” JIGOU MINGLU

出版发行　中国金融出版社

社址　北京市丰台区益泽路2号
市场开发部　(010) 66024766，63805472，63439533 (传真)
网 上 书 店　www.cfph.cn
(010) 66024766，63372837 (传真)
读者服务部　(010) 66070833，62568380
邮编　100071
经销　新华书店
印刷　保利达印务有限公司
尺寸　169毫米×239毫米
印张　12.25
字数　138千
版次　2021年10月第1版
印次　2021年10月第1次印刷
定价　40.00元
ISBN　978-7-5220-1231-5

前言

2021年是中国共产党成立100周年，也是中国加入世贸组织20周年。回首过去，党领导金融领域建设和改革开放取得了历史性成就。特别是改革开放以来，对外开放的基本国策有力促进了中国金融体系的持续健康发展，丰富了金融市场供给，更好地满足了经济发展和人民生活的金融需求，也大幅提升了中国银行业保险业国际竞争力。

中国银行业保险业的对外开放经历了四个阶段。1978—1993年，开放主要集中在经济特区。在深圳和上海，香港南洋商业银行和美国友邦保险公司先后获批设立营业性机构，成为改革开放后第一家进入中国（内地）的外资银行和第一家外资保险公司。1994—2000年，开放试点扩大。外资银行开始从沿海走向内地。保险业对外开放试点城市由上海逐步扩大到广州、深圳等城市。与此同时，银行业保险业基础性法律法规体系基本建立，相继出台《中国人民银行法》《商业银行法》《保险法》等。2001—2016年，中国银行业保险业对外开放水平大幅提高。随着我国加入世贸组织，中国银行业保险业全面履行在设立条件、业务范围、经营地域等方面的开放承诺，相继颁布《外资金融机构管理条例》《外资保险公司管理条例》和《外资银行管理条例》。与此同时，"走出去"步伐明显加快。仅2013年一年，中资银行在境外设立的一级机构就达12家。2017年党的十九大至今，中国银行业保险业迎来新一轮扩大开放。特别是2018年以来，出台了三轮共34条开放新措施，主要包括取消外资持股比例限制，放宽外资机构和业务准入条件，扩大外资机构业务范围，优化外资机构监管规则，简化行政许可流程等方面。截至2020年末，银保监会相关法规修订和制定工作已基本完成，新批准设立各类外资机构100多家，多个具有标志意义的外资项目落地。外资机构投资中国市场的积极性持续提高。

随着双向开放程度不断加深，银行业保险业“引进来”和“走出去”机构数量稳步增长。“引进来”方面，截至2020年12月末，外资银行在境内共设立了41家外资法人银行、116家外国及港澳台银行分行和144家代表处，营业性机构总数946家，外资银行总资产达3.78万亿元人民币。境外保险机构在境内共设立了66家外资保险机构、85家代表处和17家保险专业中介机构，外资保险公司总资产达1.71万亿元。“走出去”方面，截至2020年12月末，23家中资银行在69个国家和地区设立了279家分支机构，17家中资保险机构在15个国家地区设立了61家分支机构。

在双向开放过程中，我国金融业发生了历史性变革。银行业保险业总体运行稳健，服务实体经济力度不断加大，防范化解金融风险取得积极成效，金融监管的治理体系和治理能力明显提升。党的十八大以来，我国银行业总资产规模、外汇储备余额持续位居全球第一。我国成为全球第二大债券市场、股票市场和保险市场。资本市场双向开放稳步推进，上海基本建成与我国经济实力及人民币国际地位相适应的国际金融中心。中资银行和保险机构积极借鉴国际先进经验，在治理机制、管理水平、服务能力等方面不断优化，整体素质和综合竞争力大幅提升。2019年，我国有四家银行、一家保险公司成为“全球系统重要性金融机构”。143家银行上榜英国《银行家》杂志公布的“2020年全球银行1000强”排行榜，资产规模总额占全球银行业的24.6%。其中，工商银行、农业银行、中国银行、建设银行四家大型银行连续三年蝉联全球银行1000强的前四名。中国金融机构全球竞争力不断增强。

为方便公众和投资者了解和查阅银行业保险业双向开放过程中机

构设立相关信息，银保监会国际部牵头梳理了银行业和保险业“引进来”和“走出去”机构的基本情况，将其汇编成三册，分别为《银行业“引进来”机构名录》《中资银行“走出去”机构名录》《保险业“引进来”和“走出去”机构名录》。

《银行业“引进来”机构名录》汇总了境外金融机构在境内设立的银行机构基本情况，包括境外金融机构简介、境内机构名称、机构类别、主营业务、成立时间、电话、地址、传真和网址。除此以外，还列出了境外非银行金融机构驻华代表处名单。

《中资银行“走出去”机构名录》汇总了中资银行在境外设立机构的基本情况。其中包括：一是中资银行“走出去”情况简介；二是中资银行“走出去”机构名录，包括境外机构名称、机构类别、主营业务、下辖机构、成立时间、地址、电话、传真、网站等；三是境外主要监管机构简介；四是银保监会签署的双边监管合作谅解备忘录和监管合作协议一览表；五是部分中资银行中英文名称简表。

《保险业“引进来”和“走出去”机构名录》汇总了保险业双向开放的机构设立情况。其中包括：一是境外金融机构在境内设立的外资保险机构基本情况，包括境外金融机构简介、境内机构名称、机构类别、成立时间、电话、地址、传真和网址；二是中资保险机构在境外设立机构的基本情况，包括境外机构名称、机构类别、成立时间、电话、地址、传真、网站等。

本书按照地域分类。大洲按照亚洲、非洲、欧洲、北美洲、南美洲、大洋洲顺序排列，国家和地区按照拼音顺序排列。在确定“引进来”机构的国家和地区归属时，主要依据的是境内外资机构的股东注册地。“走出去”机构所列信息为中资银行保险机构在当地设立的一级机构相关信息。本书所列“引进来”机构不包含外资参股的情况。所使用数据截至2020年12月31日。

希望本书的出版可以达到以下几个目的：一是帮助读者准确、全面了解境外投资者投资中国银行业保险业的情况；二是帮助已经“走出去”或有志于“走出去”的中资企业了解中资银行保险机构的海外分布情况，掌握更多跨境金融支持渠道；三是帮助已经“走出去”或有志于“走出去”的中资金融机构更有针对性地选择海外设点目的地和开展同业合作；四是为政府部门和学术机构开展对外开放研究工作提供信息参考。

《中华人民共和国国民经济和社会发展第十四个五年规划和2035年远景目标纲要》指出，要“坚持实施更大范围、更宽领域、更深层次对外开放，依托我大市场优势，促进国际合作，实现互利共赢”。站在“两个一百年”的历史交汇点上，银行业保险业将坚定不移地深化高水平双向开放，以高层次的制度型开放促进高标准的贸易投资自由化、便利化，以更大范围的金融业“引进来”和“走出去”推动实体经济“引进来”和“走出去”，为“双循环”新发展格局作出更大贡献，为建设社会主义现代化国家贡献力量。

谨以此书，献给伟大的中国共产党成立100周年和中国加入世贸组织20周年。

本书编写组

二〇二一年七月

目录

保险业“引进来”机构名录

亚　洲

非　洲

欧　洲

北美洲

大洋洲

保险业“走出去”机构名录

亚　洲

非 洲

欧 洲

北美洲

大洋洲

保险业“引进来”机构名录

Asia

亚 洲

韩国

日本

新加坡

中国香港

中国台湾

韩国

大韩再保险公司
Korean Reinsurance Company

大韩再保险公司成立于1963年，总部位于韩国首尔，主要从事再保险业务。在英国、瑞士、中国香港设有子公司，在中国、新加坡、迪拜、纳闽设有分公司，在北京、纽约、伦敦、东京、波哥大设有代表处。

在华机构： 大韩再保险公司上海分公司
Korean Re Shanghai Branch

机构类别： 再保险公司

成立时间： 2020年1月

电　　话： 021-58887879

地　　址： 中国（上海）自由贸易试验区世纪大道88号金茂大厦4702室

传　　真： 021-58887879-160

网　　址： www.koreanre.co.kr

在华机构： 大韩再保险公司北京代表处
Korean Re Beijing Representative Office

机构类别： 代表处

成立时间： 1997年10月

电　　话： 010-65906276

地　　址： 北京市朝阳区建国路118号招商局大厦10楼A2单元

传　　真： 010-65906278

网　　址： www.koreanre.co.kr

DB 损害保险公司
DB Insurance Co., Ltd.

DB损害保险公司成立于1968年，总部位于韩国首尔，主营业务为保险、证券、银行。在中国和越南设有合资子公司，在美国设有分公司，在北京、雅加达、仰光设有代表处。

在华机构： 韩国DB损害保险公司北京代表处
DB Insurance Co., Ltd. Beijing Representative Office

机构类别： 代表处

成立时间： 2006年7月

电　　话： 010-84475427

地　　址： 北京市朝阳区霄云路36号国航大厦A座1011室

传　　真： 010-84475428

网　　址： www.idbins.com

韩国贸易保险公社
Korea Trade Insurance Corporation

韩国贸易保险公社成立于1992年，隶属于韩国产业通商资源部，主要为韩国企业及金融机构提供各类风险担保服务，在北京、纽约、巴黎、东京、迪拜等18个城市设有代表处。

在华机构： 韩国贸易保险公社北京代表处
Korea Trade Insurance Corporation Beijing Representative Office

机构类别： 代表处

成立时间： 1993年9月

电　　话： 010-64106437

地　　址： 北京市朝阳区望京东园四区13号楼A座2902室

传　　真： 010-64106440

网　　址： www.ksure.or.kr

在华机构： 韩国贸易保险公社上海代表处
Korea Trade Insurance Corporation Shanghai Representative Office

机构类别： 代表处

成立时间： 2004年10月

电　　话： 021-52081181

地　　址： 上海市长宁区兴义路8号万都中心2208—2209室

传　　真： 021-52081186

网　　址： www.ksure.or.kr

在华机构： 韩国贸易保险公社成都代表处
Korea Trade Insurance Corporation Chengdu Representative Office

机构类别： 代表处

成立时间： 2017年9月

电　　话： 028-86059651

地　　址： 四川省成都市高新区天府大道北段1199号3栋2002室

传　　真： 028-86059652

网　　址： www.ksure.or.kr

韩华生命保险株式会社
Hanwha Life Insurance Co., Ltd.

韩华生命保险株式会社成立于1946年，主要业务包括个险、银保、团险。在中国、越南和印度尼西亚设有子公司，在北京、东京、福冈和旧金山设有代表处。

在华机构： 中韩人寿保险有限公司
Sino-Korea Life Insurance Co., Limited

机构类别： 寿险公司

成立时间： 2012年11月

电　　话： 0571-85837888

地　　址： 浙江省杭州市江干区四季青街道香樟街39号国贸金融大厦21—23楼

传　　真： 0571-85838999

网　　址： www.sinokorealife.com.cn

在华机构： 韩国韩华生命保险有限公司北京代表处
Korea Hanwha Life Insurance Co., Ltd. Beijing Representative Office

机构类别： 代表处

成立时间： 2003年8月

电　　话： 010-85959502

地　　址： 北京市朝阳区光华路正大中心北塔1001A室

传　　真： 无

网　　址： www.hanwhalife.com

教保生命保险株式会社
Kyobo Life Insurance Co., Ltd.

教保生命保险株式会社成立于1958年，是一家人寿保险公司，主要业务包括人身保险、健康险、养老保险等。在美国、日本设有子公司，在北京、伦敦、仰光设有代表机构。

在华机构： 教保生命保险株式会社北京代表处
Kyobo Life Insurance Co., Ltd. Beijing Representative Office

机构类别： 代表处

成立时间： 2004年1月

电　　话： 010-65058658

地　　址： 北京市朝阳区霄云路36号国航大厦2109室

传　　真： 010-65058659

网　　址： www.kyobo.co.kr

KB 金融集团
KB Financial Group

KB金融集团成立于2008年，其前身是成立于1963年的KB国民银行，总部位于韩国首尔，主营业务涉及银行、证券、保险、信用卡、资管、信托、资产评估、数据系统等领域。在中国、美国、日本、澳大利亚、印度尼西亚、新加坡、越南、柬埔寨等国家设有分支机构。

在华机构： 乐爱金财产保险（中国）有限公司①
LIG Insurance (China) Co., Ltd.

机构类别： 财险公司

成立时间： 2009年10月

电　　话： 025-87780888

地　　址： 江苏省南京市建邺区庐山路188号新地中心2701—2703室

传　　真： 025-87780880

网　　址： www.ligchina.com.cn

① 该机构已于 2021 年 4 月更名为凯本财产保险（中国）有限公司［KBFG Insurance (China) Co., Ltd.］。

三星火灾海上保险公司
Samsung Fire & Marine Insurance Co., Ltd.

三星火灾海上保险公司成立于1952年，总部位于首尔，主要业务包括汽车保险、长期保险、商业保险和企业风险管理。在中国、美国、英国、印度尼西亚、越南、新加坡设有法人机构，在美国、越南设有分公司，在北京、莫斯科、纽约和迪拜设有代表处。

在华机构： 三星财产保险（中国）有限公司
Samsung Property & Casualty Insurance Company (China), Ltd.
机构类别： 财险公司
成立时间： 2005年4月
电　　话： 021-22311888
地　　址： 上海市闵行区吴中路1799号B座7楼
传　　真： 021-62701657
网　　址： www.samsunganycar.com

在华机构： 三星火灾海上保险公司北京代表处
Samsung Fire & Marine Insurance Co., Ltd. Beijing Representative Office
机构类别： 代表处
成立时间： 1995年4月
电　　话： 010-65668100转6213
地　　址： 北京市朝阳区建国路118号招商局大厦25层05室
传　　真： 010-65669408
网　　址： www.samsungfire.com

三星生命保险株式会社
Samsung Life Insurance Co., Ltd.

三星生命保险株式会社成立于1957年，主要经营保险、退休年金、信托、基金、资金运用等业务。在中国、泰国设有合资公司，在纽约、伦敦、东京、河内等地设有代表处。

在华机构： 中银三星人寿保险有限公司
Boc Samsung Life Insurance Company Limited

机构类别： 寿险公司

成立时间： 2005年5月

电　　话： 010-83262688

地　　址： 北京市西城区西单北大街110号9层西区

传　　真： 010-83262777

网　　址： www.boc-samsunglife.cn

首尔保证保险株式会社
Seoul Guarantee Insurance Company

首尔保证保险株式会社成立于1969年，是一家为个人和中小企业提供信用增进服务的综合性保证机构，主要从事保证保险、信用保险及相关的再保险业务。在韩国设有6个地区总部，18个追偿、赔偿服务中心，以及72个分支机构，在越南设有分公司，在北京、纽约、迪拜设有代表机构。

在华机构： 韩国首尔保证保险株式会社北京代表处
Seoul Guarantee Insurance Co., Ltd. Beijing Representative Office

机构类别： 代表处

成立时间： 2008年5月

电　　话： 010-65900288

地　　址： 北京市朝阳区东三环北路5号北京发展大厦918室

传　　真： 010-65906328

网　　址： www.sgic.co.kr

现代海上火灾保险株式会社
Hyundai Marine and Fire Insurance Co., Ltd.

现代海上火灾保险株式会社成立于1955年，总部位于韩国首尔，主要业务包括机动车保险、火灾保险和海上保险。在中国、美国、新加坡、日本等国家和地区共设有12家境外机构，其中子公司2家、合资公司1家、分公司2家、代表处7家。

在华机构：现代财产保险（中国）有限公司
Hyundai Insurance (China) Company Limited

机构类别：财险公司

成立时间：2007年3月

电　　话：010-84428100

地　　址：北京市朝阳区霄云路38号现代汽车大厦508室

传　　真：010-84539103

网　　址：www.hi-ins.com.cn

在华机构：现代海上火灾保险有限公司北京代表处
Hyundai Marine & Fire Insurance Co., Ltd. Beijing Representative Office

机构类别：代表处

成立时间：1997年8月

电　　话：010-84539071

地　　址：北京市朝阳区霄云路38号现代汽车大厦518室

传　　真：010-84539082

网　　址：www.hi.co.kr

在华机构： 韩国现代海上火灾保险株式会社上海代表处
Hyundai Marine & Fire Insurance Co., Ltd. Shanghai Representative Office

机构类别： 代表处

成立时间： 2009年2月

电　　话： 021-62787740

地　　址： 上海市娄山关路85号东方国际大厦C座1402室

传　　真： 021-62787741

网　　址： www.hi.co.kr

日本

爱和谊日生同和保险公司
Aioi Nissay Dowa Insurance Co., Ltd.

爱和谊日生同和保险公司成立于1918年，主要经营财产保险业务。在全球32个主要城市设有境外子公司、关联公司、分公司等。爱和谊日生同和保险公司隶属于日本MS&AD保险集团控股有限公司。

在华机构： 爱和谊日生同和财产保险（中国）有限公司
Aioi Nissay Dowa Insurance (China) Company Limited

机构类别： 财险公司

成立时间： 2009年4月

电　　话： 022-23320060

地　　址： 天津市和平区大沽北路2号天津环球金融中心津塔写字楼6101室

传　　真： 022-23320061

网　　址： www.aioinissaydowa.cn

在华机构： 爱和谊日生同和保险公司驻中国总代表处
Aioi Nissay Dowa Insurance Co., Ltd. General Representative Office in China

机构类别： 代表处

成立时间： 1986年4月

电　　话： 010-65058960

地　　址： 北京市朝阳区东三环北路5号北京发展大厦1607室

传　　真： 010-65058962

网　　址： aioinissaydowa.co.jp

在华机构： 爱和谊日生同和保险公司广州代表处
Aioi Nissay Dowa Insurance Co., Ltd. Guangzhou Representative Office

机构类别： 代表处

成立时间： 2004年6月

电　　话： 020-83486811

地　　址： 广州市天河区华强路9号保利中盈大厦507室

传　　真： 020-83486001

网　　址： aioinissaydowa.co.jp

第一生命控股股份有限公司
Dai-ichi Life Holdings, Inc.

第一生命控股股份有限公司成立于1902年，总部位于日本东京，是一家以人寿保险为主要业务的股份制保险集团公司。在中国、美国、澳大利亚、越南、柬埔寨、缅甸、印度、印度尼西亚、泰国、新加坡、英国等国家设有分支机构。

在华机构： 日本第一生命控股股份有限公司北京代表处
Dai-ichi Life Holdings, Inc. Beijing Representative Office

机构类别： 代表处

成立时间： 1998年7月

地　　址： 北京市建国门外大街26号长富宫办公楼8005室

电　　话： 010-65139031

传　　真： 010-65139225

网　　址： www.dai-ichi-life-hd.com

在华机构： 日本第一生命控股股份有限公司上海代表处
Dai-ichi Life Holdings, Inc. Shanghai Representative Office

机构类别： 代表处

成立时间： 2005年1月

电　　话： 021-68413977

地　　址： 上海市浦东新区陆家嘴环路1000号恒生银行大厦17楼113室

传　　真： 021-68410267

网　　址： www.dai-ichi-life-hd.com

东京海上日动火灾保险株式会社
Tokio Marine & Nichido Fire Insurance Co., Ltd.

东京海上日动火灾保险株式会社成立于1879年，主要从事财产保险、与财产和人寿保险业务相关的代理业务、养老金管理、交通事故责任强制保险等业务。在46个国家和地区设有境外机构。

在华机构： 东京海上日动火灾保险（中国）有限公司
The Tokio Marine & Nichido Fire Insurance Company (China) Limited

机构类别： 财险公司

成立时间： 1994年9月

电　　话： 021-68414455

地　　址： 中国（上海）自由贸易试验区陆家嘴环路1000号恒生银行大厦38楼

传　　真： 021-68411119

网　　址： www.tokiomarine.com.cn

在华机构： 日本东京海上日动火灾保险株式会社北京代表处
Tokio Marine & Nichido Fire Insurance Co., Ltd. Beijing Representative Office

机构类别： 代表处

成立时间： 1980年7月

电　　话： 010-65630180

地　　址： 北京市朝阳区东三环北路5号北京发展大厦608室

传　　真： 010-65630181

网　　址： www.tokiomarine-nichido.co.jp

明治安田生命保险相互会社
Meiji Yasuda Life Insurance

明治安田生命保险相互会社成立于1881年，主营业务为人寿保险、保险代理及附属业务、国债、地方债及政府保证债券的买卖、地方债及其他的债券募集和受托管理等。其境外机构分布在中国、泰国、印度尼西亚、波兰、英国、美国等国家。

在华机构： 北大方正人寿保险有限公司
Peking University Founder Life Insurance Co., Ltd.

机构类别： 寿险公司

成立时间： 2002年11月

电　　话： 021-31077777

地　　址： 中国（上海）自由贸易试验区世纪大道1168号东方金融广场A栋21楼

传　　真： 021-58989651

网　　址： www.pkufi.com

在华机构： 明治安田生命保险相互会社北京代表处
Meiji Yasuda Life Insurance Company Beijing Representative Office

机构类别： 代表处

成立时间： 1995年5月

电　　话： 010-65139815

地　　址： 北京市朝阳区建国门外大街26号长富宫办公楼6003室

传　　真： 010-65139818

网　　址： www.meijiyasuda.co.jp

MS&AD 保险集团控股有限公司
MS&AD Insurance Group Holdings, Inc.

MS&AD保险集团控股有限公司成立于2008年，总部位于东京，在日本本土设有全资寿险公司、财险公司及资产管理公司等。在全球48个国家和地区（亚太地区为主）开展保险业务，在东盟10国设有办事机构。

在华机构： 交银康联人寿保险有限公司[①]
BoCommLife Insurance Co., Ltd.

机构类别： 寿险公司

成立时间： 2000年6月

电　　话： 021-22192288

地　　址： 上海市浦东新区陆家嘴环路333号22—23楼

传　　真： 021-62759023

网　　址： www.bocommlife.com

① 该机构已于 2021 年 1 月更名为交银人寿保险有限公司（BOCOM MSIG Life Insurance Company Limited）。

在华机构： 交银康联资产管理有限公司
BoCommLife Asset Management Co., Ltd.
机构类别： 资产管理公司
成立时间： 2019年5月
电　　话： 021-20806095
地　　址： 上海市浦东新区陆家嘴环路333号金砖大厦21楼
传　　真： 021-20806100
网　　址： www.bocommlamc.com

日本财产保险公司
Sompo Japan Insurance Inc.

日本财产保险公司成立于1888年，主营业务为财产保险，在全球29个国家和地区设有境外机构。2014年，日本兴亚财产保险公司与日本财产保险公司合并。

在华机构： 日本财产保险（中国）有限公司
Sompo Insurance China Co., Ltd.
机构类别： 财险公司
成立时间： 2005年5月
电　　话： 0411-83603093
地　　址： 辽宁省大连市西岗区中山路147号森茂大厦10楼
传　　真： 0411-83603092
网　　址： www.sompo-cn.com

在华机构： 日本兴亚财产保险（中国）有限责任公司
Nipponkoa Insurance Co., (China) Ltd.

机构类别： 财险公司

成立时间： 2009年6月

电　　话： 0755-82560055

地　　址： 广东省深圳市福田区中心四路一号嘉里建设广场二座9楼03—04室

传　　真： 0755-82560198

网　　址： www.nipponkoa-cn.com

日本生命保险公司
Nippon Life Insurance Company

日本生命保险公司成立于1889年，是一家人寿保险相互会社，总部位于大阪，主要经营人身保险业务。在中国、美国、泰国、印度尼西亚、缅甸、印度、澳大利亚经营海外业务，在北京、纽约、伦敦、法兰克福、新加坡设有代表机构。

在华机构： 长生人寿保险有限公司
Great Wall ChangSheng Life Insurance Co., Ltd.

机构类别： 寿险公司

成立时间： 2003年9月

电　　话： 021-38999888

地　　址： 上海市静安区南京西路688号501—505室、509—510室

传　　真： 021-62470739

网　　址： www.gwcslife.com

在华机构： 日本生命保险公司北京代表处
Nippon Life Insurance Company Beijing Representative Office

机构类别： 代表处

成立时间： 1986年12月

电　　话： 010-65139240

地　　址： 北京市朝阳区建国门外大街26号长富宫办公楼4007室

传　　真： 010-65139241

网　　址： www.nissay.co.jp

日本住友生命保险公司
Sumitomo Life Insurance Company

日本住友生命保险公司成立于1947年，为相互保险公司，主要从事人寿保险、保险资金运用、保险代理、投资基金产品销售、养老金管理业务。在美国、印度尼西亚、越南设有全资子公司。

在华机构： 日本住友生命保险公司北京代表处
Sumitomo Life Insurance Company Beijing Representative Office

机构类别： 代表处

成立时间： 1991年1月

电　　话： 010-65616120

地　　址： 北京市朝阳区东三环北路5号北京发展大厦1幢719室

传　　真： 010-65616142

网　　址： www.sumitomolife.co.jp

三井住友海上火灾保险株式会社
Mitsui Sumitomo Insurance Co., Ltd.

三井住友海上火灾保险株式会社成立于1918年，主营财产保险业务。在全球42个国家和地区设有营业网点。三井住友海上火灾保险株式会社隶属于MS&AD保险集团控股有限公司。

在华机构： 三井住友海上火灾保险（中国）有限公司
Mitsui Sumitomo Insurance (China) Co., Ltd.

机构类别： 财险公司

成立时间： 2007年9月

电　　话： 021-68777800

地　　址： 中国（上海）自由贸易试验区世纪大道100号上海环球金融中心34—T70

传　　真： 021-68776066

网　　址： www.ms-ins.com.cn

在华机构： 三井住友海上火灾保险公司北京代表处
Mitsui Sumitomo Insurance Co., Ltd. Beijing Representative Office

机构类别： 代表处

成立时间： 2007年4月

电　　话： 010-65908500

地　　址： 北京市朝阳区东二环北路5号北京发展大厦1608室

传　　真： 010-65908504

网　　址： www.ms-ins.com

新加坡

大东方人寿保险有限公司
Great Eastern Life Assurance Co., Ltd.

大东方人寿保险有限公司成立于1908年，主营业务为人寿保险和再保险。在中国、马来西亚和印度尼西亚分别设有分支机构，在老挝、缅甸和中国设有代表机构。

在华机构： 恒大人寿保险有限公司
Evergrande Life Assurance Co., Ltd.

机构类别： 寿险公司

成立时间： 2006年5月

电　　话： 0755-81996246

地　　址： 广东省深圳市南山区粤海街道科苑南路3239号阿里云大厦S2座12层1201/1202/1203单元、13—14层

网　　址： www.lifeisgreat.com.cn

在华机构： 新加坡大东方人寿保险有限公司北京代表处
Great Eastern Life Assurance Co. Ltd. Beijing Representative Office

机构类别： 代表处

成立时间： 2007年1月

电　　话： 010-65815501

地　　址： 北京市朝阳区建国路99号901室

传　　真： 010-65838727

网　　址： www.greateasternlife.com

中国香港

豪德专项保险经纪有限公司
Howden Specialty Limited

豪德专项保险经纪有限公司成立于1994年，主要经营水险、财产险、能源险、金融责任险等保险产品的直保与再保险业务，在澳大利亚和英国设有境外机构。在北京设有代表处。

在内地机构： 香港豪德专项保险经纪有限公司北京代表处
Howden Specialty Limited Beijing Representative Office

机构类别： 代表处

成立时间： 1994年1月

电　　话： 010-65997927

地　　址： 北京市朝阳区建国门外大街甲8号国际财源中心东塔1065室

传　　真： 010-65999100

网　　址： www.howdenspecialty.com

恒生保险有限公司
Hang Seng Insurance Company Limited

恒生保险有限公司于1965年在中国香港成立，为恒生银行有限公司（以下简称恒生银行）的全资附属机构，主营业务有个人保险及企业雇员福利产品，主要通过恒生银行在香港的零售银行、私人银行、网上银行等提供服务。在深圳设有代表处。

在内地机构： 恒生保险有限公司深圳代表处
Hang Seng Insurance Company Limited Shenzhen Representative Office

机构类别： 代表处

成立时间： 2001年3月

电　　话： 0755-25181865

地　　址： 广东省深圳市罗湖区人民南路深圳嘉里中心1121室

传　　真： 0755-25181382

网　　址： www.hangseng.com/en-hk/personal/insurance-mpf

汇丰保险（亚洲）有限公司
HSBC Insurance (Asia) Limited

汇丰保险（亚洲）有限公司成立于1977年，是汇丰集团的全资子公司。汇丰保险（亚洲）有限公司业务包括人寿保险和财产保险，于2012年转型为控股公司。其在内地设有分支机构。

在内地机构： 汇丰人寿保险有限公司
HSBC Life Insurance Company Limited

机构类别： 寿险公司

成立时间： 2009年6月

电　　话： 021-38509200

地　　址： 中国（上海）自由贸易试验区世纪大道8号汇丰银行大楼18楼，21楼2101、2113、2113A、2115及2116单元

传　　真： 021-38950282

网　　址： www.hsbcinsurance.com.cn

蓝十字（亚太）保险有限公司
Blue Cross (Asia-Pacific) Insurance Limited

蓝十字（亚太）保险有限公司成立于1969年，是隶属于东亚银行集团的私人股份有限公司，主要为个人及企业客户提供保险产品及服务，包括医疗保险、旅游保险及财产保险等。在上海设有代表处。

在内地机构： 香港蓝十字（亚太）保险有限公司上海代表处
Hong Kong Blue Cross (Asia-Pacific) Insurance Limited Shanghai Representative Office

机构类别： 代表处

成立时间： 2003年3月

电　　话： 021-62895883

地　　址： 上海市静安区北京西路1277号国旅大厦915室

传　　真： 021-62893019

网　　址： www.bluecross.com.hk

民联远东（保险代理）有限公司
NKFE Insurance Agency Co., Ltd.

民联远东（保险代理）有限公司成立于1992年，是意大利忠利保险集团的全资子公司，主要在中国香港从事保险代理业务。意大利忠利保险集团成立于1831年，在全球50多个国家和地区开展业务。民联远东（保险代理）有限公司在内地全资设有真意保险代理有限公司。

在内地机构：真意保险代理有限公司
Generali Insurance Agency Co., Ltd.

机构类别：保险专业代理公司

成立时间：2016年9月

电　　话：0755-26928167

地　　址：深圳市南山区中心路3331号中建科工大厦15楼

传　　真：0755-26928167

网　　址：www.generaliagency.cn

闽信保险有限公司
MIN XIN Insurance Company Limited

闽信保险有限公司成立于1974年，前身为泛印保险有限公司。闽信保险有限公司是闽信集团的全资子公司，主营业务为汽车险、旅游险、人身意外险、商业综合险、货运险、责任险等财产保险，于1980年在中国澳门设立分公司。

在内地机构：香港闽信保险有限公司福州代表处
Hong Kong MinXin Insurance Company Limited Fuzhou Representative Office

机构类别：代表处

成立时间：1997年3月

电　　话：0591-87820544

地　　址：福建省福州市鼓楼区五四路158号环球广场2201室

传　　真：0591-87855681

网　　址：www.mxic.com.hk

平量行有限公司
Pierre Leong & Co., Ltd.

平量行有限公司成立于1986年，是一家专业经营水险、非水险及责任险等的保险公估有限公司，是英国特准理赔学会（The Chartered Institute of Loss Adjusters）会员。平量行有限公司在内地设有子公司。

在内地机构： 平量行保险公估（上海）有限公司
Pierre Leong Adjusters (Shanghai) Co., Ltd.

机构类别： 保险公估公司

成立时间： 1996年8月

电　　话： 021-64699484、64699490

地　　址： 中国（上海）自由贸易试验区乳山路98号509—60室

传　　真： 021-64699495

网　　址： www.pierreleong.com

PP Global Management Limited

PP Global Management Limited（PPGM）成立于2012年，是一家总部位于中国香港的控股公司。旗下多家代理公司及经纪公司提供医疗保险、车险等代理和经纪服务。PPGM在内地设有分支机构。此外，还在泰国、新加坡、菲律宾、迪拜、美国、墨西哥设有分支机构。

在内地机构： 寰宇保险代理（上海）有限公司
Medilink International Agency (China) Co., Ltd.

机构类别： 保险专业代理公司

成立时间： 2013年7月

电　　话： 021-24266400

地　　址： 上海市徐汇区淮海中路1329号19楼

传　　真： 021-64670328

网　　址： www.prime-care.com

日立保险服务（香港）有限公司
Hitachi Insurance Services (Hong Kong) Limited

日立保险服务（香港）有限公司成立于1978年，主要经营保险经纪业务。其母公司为成立于1949年的株式会社日立保险服务，总部位于东京，是一家保险代理公司。

在内地机构：日立保险代理（中国）有限公司
Hitachi Insurance Agency (China) Ltd.

机构类别：保险专业代理公司

成立时间：2017年8月

电　　话：021-54488677

地　　址：上海市黄浦区茂名南路205号1808室

传　　真：021-54015851

网　　址：www.hitachi-insurance.com.cn

荣骏保险服务有限公司
Host Honour Insurance Services Limited

荣骏保险服务有限公司成立于2010年，主要从事保险服务业务，在内地设有子公司。

在内地机构： 汇才保险代理（深圳）有限公司
Professional Alliance Insurance Agency Ltd.

机构类别： 保险专业代理公司

成立时间： 2010年3月

电　　话： 0755-82836926

地　　址： 深圳市罗湖区笋岗街道笋西社区梨园路8号Halo广场二期6A层04号

传　　真： 0755-82836926

网　　址： www.hcpaia.com

亚洲保险有限公司
Asia Insurance Co. Ltd.

亚洲保险有限公司成立于1959年，主要承保财产保险及团体寿险业务。在中国澳门与中国台湾设有分支机构，在泰国、印度尼西亚、菲律宾及柬埔寨等国家投资了保险公司。

在内地机构： 香港亚洲保险有限公司深圳代表处
Asia Insurance Co., Ltd. Shenzhen Representative Office

机构类别： 代表处

成立时间： 1993年6月

电　　话： 0755-25182633

地　　址： 广东省深圳市福田区彩田南路2030号澳新亚大厦1812室

传　　真： 0755-25182633

网　　址： www.asiainsurance.hk

友邦保险有限公司
AIA Company Limited

友邦保险有限公司是友邦保险控股有限公司的全资子公司。友邦保险控股有限公司与其附属公司统称友邦保险集团（AIA Group Limited），其前身于1919年成立于中国上海，目前总部设在中国香港。友邦保险集团在内地开展业务。此外，还在泰国、新加坡、马来西亚、韩国、菲律宾、印度、印度尼西亚、澳大利亚、新西兰、中国香港、中国澳门等亚太国家和地区开展业务。

在内地机构： 友邦人寿保险有限公司
AIA Life Insurance Company Limited

机构类别： 寿险公司

成立时间： 2020年7月

电　　话： 021-53599988转66175

地　　址： 上海市黄浦区中山东一路17号友邦大厦3—8楼

传　　真： 021-23308216

网　　址： www.aia.com.cn

在内地机构： 香港友邦保险控股有限公司北京代表处
AIA Group Limited Beijing Representative Office

机构类别： 代表处

成立时间： 2013年5月

电　　话： 010-65219988

地　　址： 北京市东城区东总布胡同58号天润财富中心3楼302单元

传　　真： 010-65212101

网　　址： www.aia.com

裕利安宜香港有限公司
Euler Hermes Hong Kong Services Limited

裕利安宜香港有限公司成立于1998年，业务范围包括保险及其保险代理等相关服务。裕利安宜香港有限公司是裕利安怡公司（Euler Hermes S.A.）的全资子公司。裕利安怡公司最终控制公司为安联保险集团。

在内地机构：太平洋裕利安怡保险销售有限责任公司
Cppic Euler Hermes Insurance Sales Co., Ltd.

机构类别：保险专业代理公司

成立时间：2016年4月

电　　话：021-61982000

地　　址：中国（上海）自由贸易试验区世纪大道88号金茂大厦办公楼19楼01、08B单元

传　　真：021-61060162

网　　址：www.eulerhermes.com

中国太平保险控股有限公司
China Taiping Insurance Holdings Company Limited

中国太平保险控股有限公司成立于2000年，业务范围包括人寿保险和财产保险业务、各类全球性再保险承保、再保险经纪、资产管理、养老保险业务等。中国太平保险控股有限公司在英国、新加坡、日本、印度尼西亚等国家设有境外机构。

在内地机构： 中国太平保险控股有限公司北京代表处
China Taiping Insurance Holdings Company Limited Beijing Representative Office

机构类别： 代表处

成立时间： 2015年8月

电　　话： 010-63588900

地　　址： 北京市西城区骡马市大街16号楼9层902—911室

传　　真： 010-663586687

网　　址： www.ctih.cntaiping.com

在内地机构： 中国太平保险控股有限公司上海代表处
China Taiping Insurance Holdings Company Limited Shanghai Representative Office

机构类别： 代表处

成立时间. 2001年2月

电　　话： 021-68817001

地　　址： 上海市浦东新区银城中路488号2930室

传　　真： 021-68817775

网　　址： www.ctih.cntaiping.com

在内地机构： 中国太平保险控股有限公司深圳代表处
China Taiping Insurance Holdings Company Limited Shenzhen Representative Office

机构类别： 代表处

成立时间： 2015年4月

电　　话： 0755-88315580

地　　址： 深圳市福田区莲花街道益田路6001号太平金融大厦47层02、03单元

传　　真： 0755-88315581/88315592

网　　址： www.ctih.cntaiping.com

中国太平保险（香港）有限公司
China Taiping Insurance (HK) Company Limited

中国太平保险（香港）有限公司成立于1949年，总部位于中国香港，前身为香港民安保险有限公司，主要经营财产险业务。

在内地机构： 深圳中保尚乘保险经纪有限公司
Shenzhen CIG-AMTD Insurance Brokers Co., Ltd.

机构类别： 保险经纪公司

成立时间： 2006年12月

电　　话： 0755-33362856

地　　址： 深圳市福田区梅林路卓越梅林中心广场（南区）A座2303室

传　　真： 0755-33362855

网　　址： www.chinainsuranceamtd.com.cn

中国台湾

富邦产物保险股份有限公司
Fubon Insurance Co., Ltd.

富邦产物保险股份有限公司成立于1961年，主要经营车险、健康险、商业火险、责任险、意外险、水险、住宅火险及工程险等。在大陆设有子公司和代表处。此外，还在越南、泰国、菲律宾设有子公司，在印度尼西亚和马来西亚设有代表处。富邦产险保险股份有限公司隶属于富邦金融控股股份有限公司，后者成立于2001年。

在大陆机构：富邦财产保险有限公司
Fubon P&C Insurance Co., Ltd.

机构类别：财险公司

成立时间：2010年10月

电　　话：0592-5353666

地　　址：厦门市思明区台东路68号20楼

传　　真：0592-5353600

网　　址：www.fubon.com.cn

在大陆机构： 富邦产物保险股份有限公司北京代表处

Fubon Insurance Co., Ltd. Beijing Representative Office

机构类别： 代表处

成立时间： 2001年2月

电　　话： 010-59695470

地　　址： 北京市朝阳区建国路81号华贸中心1号写字楼1909A

传　　真： 010-59695658

网　　址： www.fubon.com/insurance/home

富邦人寿保险股份有限公司
Fubon Life Insurance Co.,Ltd.

富邦人寿保险股份有限公司成立于1993年，主要经营人身保险业务。在越南、韩国、中国香港等国家和地区设有子公司。在北京设有代表处。富邦人寿保险股份有限公司隶属于富邦金融控股股份有限公司，后者成立于2001年。

在大陆机构： 富邦人寿保险股份有限公司北京代表处

Fubon Life Insurance Co., Ltd. Beijing Representative Office

机构类别： 代表处

成立时间： 2003年1月

电　　话： 010-59695373

地　　址： 北京市朝阳区建国路81号华贸中心1号写字楼1909B

传　　真： 010-59695658

网　　址： www.fubon.com/life

国泰人寿保险股份有限公司
Cathay Life Insurance Co., Ltd.

国泰人寿保险股份有限公司成立于1962年，主要经营人寿保险业务。在大陆设有分支机构和代表处。此外，还在越南设有分支机构。国泰人寿保险股份有限公司隶属于国泰金融控股股份有限公司，后者成立于2001年。

在大陆机构： 陆家嘴国泰人寿保险有限责任公司
Cathay Lujiazui Life Insurance Company Limited

机构类别： 寿险公司

成立时间： 2004年12月

电　　话： 021-61006168

地　　址： 中国（上海）自由贸易试验区世纪大道1168号东方金融广场B座19楼及A座1104室

传　　真： 021-61001684

网　　址： www.cathaylife.cn

在大陆机构： 国泰人寿保险股份有限公司北京代表处
Cathay Life Insurance Beijing Representative Office

机构类别： 代表处

成立时间： 2001年2月

电　　话： 010-83913425-26

地　　址： 北京市朝阳区东大桥路9号侨福芳草地大厦B座602室

传　　真： 010-83913427

网　　址： www.cathaylife.com.tw

国泰世纪产物保险股份有限公司
Cathay Century Insurance Co., Ltd.

国泰世纪产物保险股份有限公司成立于1993年，原名东泰产物保险股份有限公司，业务范围包括火灾保险、海上保险、责任保险、保证保险及再保险。在大陆设有分支机构。此外，还在越南设有分支机构。国泰世纪产物保险股份有限公司隶属于国泰金融控股股份有限公司，后者成立于2001年。

在大陆机构：国泰财产保险有限责任公司
Cathay Insurance Co., Ltd.

机构类别：财险公司

成立时间：2008年8月

电　　话：021-61032288

地　　址：上海市杨浦区黄兴路221号E座（1181幢）

传　　真：021-61911677

网　　址：www.cathay-ins.com.cn

南山人寿保险股份有限公司
Nan Shan Life Insurance Company, Ltd.

南山人寿保险股份有限公司成立于1963年，主要经营人身保险业务。在上海和河内设有代表机构。

在大陆机构：南山人寿保险股份有限公司上海代表处
Nan Shan Life Insurance Company, Ltd. Shanghai Representative Office

机构类别：代表处

成立时间：2012年8月

电　　话：021-68592388

地　　址：上海市浦东新区银城中路168号上海银行大厦1907室

传　　真：021-68593358

网　　址：www.nanshanlife.com.tw

台湾产物保险股份有限公司
Taiwan Fire & Marine Insurance Co., Ltd.

台湾产物保险股份有限公司成立于1948年，主营业务为财产保险。在上海设有代表处。

在大陆机构：台湾产物保险股份有限公司上海代表处
Taiwan Fire & Marine Insurance Co., Ltd. Shanghai Representative Office

机构类别：代表处

成立时间：2006年8月

电　　话：021-58772839

地　　址：上海市黄浦区淮海中路138号904室

传　　真：021-58772539

网　　址：www.tfmi.com.tw

台湾人寿保险股份有限公司
Taiwan Life Insurance Co., Ltd.

台湾人寿保险股份有限公司成立于1947年，主要经营寿险业务。母公司台湾中信金控集团业务涵盖银行、保险、证券、创投、资产管理、投资信托、保全、彩票等。

在大陆机构： 君龙人寿保险有限公司
King Dragon Life Insurance Co., Ltd.

机构类别： 寿险公司

成立时间： 2008年9月

电　　话： 400-666-0123

地　　址： 厦门市思明区松岳路6号悦享中心A塔2001、2201、2301、2501单元

传　　真： 0592-2992855

网　　址： www.kdlins.com.cn

在大陆机构： 台湾人寿保险股份有限公司北京代表处
Taiwan life Insurance Co., Ltd. Beijing Representative Office

机构类别： 代表处

成立时间： 2003年1月

电　　话： 010-85655937

地　　址： 北京市朝阳区朝外大街26号13楼B1606

传　　真： 010-85655988

网　　址： www.taiwanlife.com

三商美邦人寿保险股份有限公司
Mercuries Life Insurance Co., Ltd.

三商美邦人寿保险股份有限公司成立于1993年，主要经营人身保险业务，在北京设有代表处。

在大陆机构：三商美邦人寿保险股份有限公司北京代表处
Mercuries Life Insurance Co., Ltd. Beijing Representative Office

机构类别：代表处

成立时间：2015年4月

电　　话：010-65013057

地　　址：北京市朝阳区光华路丙12号数码01大厦26楼2601-1

传　　真：010-65013055

网　　址：www.mli.com.tw

新安东京海上产物保险股份有限公司
Tokio Marine Newa Insurance Co., Ltd.

新安东京海上产物保险股份有限公司的前身为新安产物保险，成立于1999年，主要从事专业汽车保险和专业财产保险服务。2005年，新安产物保险与东京海上集团旗下统一安联产物保险合并为新安东京海上产物保险股份有限公司。在上海设有代表处。

在大陆机构：台湾新安东京海上产物保险股份有限公司上海代表处
Tokio Marine Newa Insurance Co., Ltd. Shanghai Representative Office

机构类别：代表处

成立时间：2006年7月

电　　话：021-64477897

地　　址：上海市徐汇区虹桥路808号41幢（A栋）A-8106室

传　　真：021-64477898

网　　址：www.tmnewa.com.tw

新光人寿保险股份有限公司
Shin Kong Life Insurance Co., Ltd.

新光人寿保险股份有限公司成立于1963年，主要经营人身保险业务，在大陆设有合资寿险公司。

在大陆机构： 鼎诚人寿保险有限责任公司
Dingcheng Life Insurance Company Ltd.

机构类别： 寿险公司

成立时间： 2009年3月

电　　话： 010-59216666

地　　址： 北京市朝阳区建国门外大街乙12号双子座大厦东塔6楼和8楼

传　　真： 010-59216777

网　　址： www.dingchenglife.com.cn

中国人寿保险股份有限公司（台湾）
China Life Insurance Co., Ltd. (Taiwan)

中国人寿保险股份有限公司（台湾）成立于1963年，原名华侨人寿保险股份有限公司，主要经营寿险、年金险、健康险、伤害险、投连险和团险。在北京设有代表处。

在大陆机构： 中国人寿保险股份有限公司（台湾）北京代表处
China Life Insurance Co., Ltd. (Taiwan) Beijing Representative Office

机构类别： 代表处

成立时间： 2005年8月

电　　话： 010-58528115

地　　址： 北京市西城区闹市口大街1号院3号楼619室

传　　真： 无

网　　址： www.chinalife.com.tw

Africa

非洲

| 南非

南非

Discovery 集团
Discovery Limited

Discovery集团成立于1999年，是一家多元化金融服务组织，业务范围包括健康保险、人寿保险、长期储蓄和投资、银行业务等。Discovery集团的主要市场在中国、南非和英国。

在华机构：平安健康保险股份有限公司
Ping An Health Insurance Company of China, Ltd.

机构类别：健康险公司

成立时间：2005年6月

电　　话：021-38640965

地　　址：上海市徐汇区凯滨路166号平安大厦B座16楼

传　　真：021-64278862

网　　址：health.pingan.com

耆卫人寿保险（南非）有限公司
Old Mutual Life Assurance Company (South Africa) Limited

耆卫人寿保险（南非）有限公司成立于1999年，业务范围包括人身保险、储蓄产品、退休、养老金等。耆卫人寿保险（南非）有限公司隶属于耆卫集团。后者于1845年在南非开普敦成立，主要业务包括银行、保险和资产管理，是非洲大陆的综合性跨国金融集团，旗下机构分布在中国以及南部非洲、东部非洲、西部非洲的13个国家。

在华机构： 瑞泰人寿保险有限公司
Old Mutual-CHN Energy Life Insurance Co., Ltd.

机构类别： 寿险公司

成立时间： 2004年1月

电　　话： 010-88310999

地　　址： 北京市西城区西直门外大街18号金贸大厦D座3楼

传　　真： 010-88310991

网　　址： www.oldmutual-chnenergy.com

Europe

欧洲

比利时
德国
俄罗斯
法国
荷兰
卢森堡
葡萄牙
瑞士
西班牙
意大利
英国

比利时

富杰保险国际股份有限公司
Ageas Insurance International NV

富杰保险国际股份有限公司成立于1824年，业务范围包括人寿保险和财产保险，业务主要集中于欧洲和亚洲。

在华机构： 比利时富杰保险国际股份有限公司上海代表处
Ageas Insurance International NV Shanghai Representative Office

机构类别： 代表处

成立时间： 2003年2月

电　　话： 021-50988808

地　　址： 中国（上海）自由贸易试验区银城中路488号3801B室

传　　真： 无

网　　址： 无

裕利安怡信用保险公司
Euler Hermes SA

裕利安怡信用保险公司成立于1929年，注册于比利时布鲁塞尔，主要从事贸易信用保险、信用风险监控、理赔和商账催收、保函、反欺诈、再保险等专业保险服务。其在全球50多个国家和地区设有分支机构，主要分公司位于法国、德国、英国、荷兰、意大利、丹麦、瑞士、瑞典、爱尔兰、芬兰、挪威、捷克、匈牙利、罗马尼亚和斯洛伐克等。在亚太地区的分公司位于中国香港、新加坡和日本。裕利安怡信用保险公司是德国安联保险集团的成员。

在华机构： 比利时裕利安怡信用保险公司上海代表处
Euler Hermes SA Shanghai Representative Office

机构类别： 代表处

成立时间： 2018年11月

电　　话： 021-60305915

地　　址： 上海市浦东新区世纪大道88号金茂大厦办公楼19楼09单元

传　　真： 无

网　　址： www.eulerhermes.com

德国

安顾集团股份公司
Ergo Group AG

安顾集团股份公司成立于1998年，隶属于慕尼黑再保险集团，为全球约30个市场提供服务，主要集中在欧洲和亚洲。安顾人寿股份公司（Ergo Lebensversicherung AG）成立于1988年，是安顾集团股份公司旗下最大的寿险公司，业务范围主要包括养老年金险、职业失能险、财富管理服务等。安顾集团股份公司和安顾人寿保险股份公司均为德华安顾人寿保险有限公司的股东。

在华机构： 德华安顾人寿保险有限公司
Ergo China Life Insurance Co., Ltd.

机构类别： 寿险公司

成立时间： 2013年7月

电　　话： 0531-55698999

地　　址： 山东省济南市经十东路7000号汉峪金谷金融商务中心A2-5号楼26—29楼

传　　真： 0531-55698755

网　　址： www.ergo-life.cn

在华机构： 德国安顾集团股份公司驻中国总代表处
Ergo Group AG General Representative Office China

机构类别： 代表处

成立时间： 2007年10月

电　　话： 010-65667675

地　　址： 北京市朝阳区建国门外大街2号北京银泰中心写字楼C座2801室

传　　真： 010-65662885

网　　址： www.ergo.com

在华机构： 德国安顾集团股份公司济南代表处
Ergo Group AG Jinan Representative Office

机构类别： 代表处

成立时间： 2009年8月

电　　话： 0531-68657996

地　　址： 山东省济南市历下区经十路9999号黄金时代广场C座1301室

传　　真： 0531-68657991

网　　址： www.ergo.com

安联保险集团
Allianz SE

安联保险集团成立于1890年，总部位于德国慕尼黑。业务范围包括寿险和健康险、财产险和责任险、再保险、风险管理咨询、资产管理服务等。集团保险业务分布于全球77个国家和地区。

在华机构： 安联（中国）保险控股有限公司
Allianz (China) Insurance Holding Co., Ltd.

机构类别： 保险集团公司

成立时间： 2019年11月

电　　话： 021-60607300

地　　址： 中国（上海）自由贸易试验区陆家嘴环路1366号富士康大厦9楼902单元

传　　真： 021-60607311

网　　址： www.allianzholding.cn

在华机构： 京东安联财产保险有限公司
Allianz Jingdong General Insurance Company Limited

机构类别： 财险公司

成立时间： 2010年3月

电　　话： 020-85132900

地　　址： 广东省广州市天河区珠江西路5号广州国际金融中心主塔写字楼34楼01—05、11、12单元

传　　真： 020-38911890

网　　址： www.allianz.cn/zh/home_page

在华机构： 中德安联人寿保险有限公司
Allianz China Life Insurance Co., Ltd.

机构类别： 寿险公司

成立时间： 1998年11月

电　　话： 021-61653688

地　　址： 中国（上海）自由贸易试验区浦东南路360号新上海国际大厦2楼A区、C区及37楼A区、B区及38楼A区、B区

传　　真： 021-61653699

网　　址： www.allianz.com.cn

汉诺威再保险股份公司
Hannover Rück SE

汉诺威再保险股份公司成立于1966年，业务范围包括财产险再保险和寿险再保险，在全球设有100多家子公司、分公司及代表处。

在华机构： 汉诺威再保险股份公司上海分公司
Hannover Rück SE, Shanghai Branch

机构类别： 再保险公司

成立时间： 2008年5月

电　　话： 021-20358999

地　　址： 中国（上海）自由贸易试验区民生路1188号6楼

传　　真： 021-58209396

网　　址： www.hannover-re.com

慕尼黑再保险公司
Munich Reinsurance Company

慕尼黑再保险公司成立于1880年，在全世界150多个国家和地区开展再保险和直接保险业务。

在华机构： 慕尼黑再保险公司北京分公司
Munich Reinsurance Company Beijing Branch

机构类别： 再保险公司

成立时间： 2003年9月

电　　话： 010-85919999

地　　址： 北京市朝阳区建外大街2号银泰写字楼C座2002室

传　　真： 010-85919966

网　　址： www.munichre.com

在华机构： 慕尼黑再保险公司上海代表处
Munich Reinsurance Company Shanghai Representative Office

机构类别： 代表处

成立时间： 1997年9月16日

电　　话： 021-68411666

地　　址： 上海市浦东新区陆家嘴环路1000号14-022室

传　　真： 021-68413598

网　　址： www.munichre.com

通用再保险股份公司
General Reinsurance AG

通用再保险股份公司成立于1846年，前身是科隆再保险股份有限公司，总部位于德国科隆。2010年，科隆再保险股份有限公司更名为通用再保险股份公司。公司业务范围包括寿险及非寿险再保险业务，在欧洲、亚洲、大洋洲、美洲、非洲设有20多个分支机构。

在华机构： 通用再保险股份公司上海分公司
General Reinsurance AG Shanghai Branch

机构类别： 再保险公司

成立时间： 2004年7月

电　　话： 021-61006300

地　　址： 中国（上海）自由贸易试验区陆家嘴东路161号上海招商大厦1801A、1801B、1802A、1803室

传　　真： 021-61006388

网　　址： www.genre.com

在华机构： 通用再保险公司北京代表处
General Reinsurance AG Beijing Representative Office

机构类别： 代表处

成立时间： 2001年6月

电　　话： 010-85186530、85186535

地　　址： 北京市东城区东长安街1号东方广场经贸城东三办公楼1105室

传　　真： 010-85186526

网　　址： www.genre.com

俄罗斯

俄罗斯天然气工业保险股份公司
Sogaz Insurance Group

俄罗斯天然气工业保险股份公司成立于1993年，业务范围包括企业财产险、商业医疗保险、特殊风险保险、汽车保险等财产保险，业务覆盖整个俄罗斯。在塞尔维亚设有子公司。在中国设有代表处。

在华机构：俄罗斯天然气工业保险公司北京代表处
Sogaz Insurance Beijing Representative Office

机构类别：代表处

成立时间：2016年2月

电　　话：010-65102125

地　　址：北京市朝阳区建国门外大街甲12号新华保险大厦1588室

传　　真：无

网　　址：www.sogaz-china.cn

赢国斯达保险有限公司
Ingosstrakh Insurance Company

赢国斯达保险有限公司成立于1947年，业务范围主要包括财产保险业务。在亚美尼亚、白俄罗斯、乌兹别克斯坦和吉尔吉斯斯坦设有分支机构。在中国、印度、哈萨克斯坦和阿塞拜疆设有代表处。

在华机构：赢国斯达保险公司北京代表处
Ingosstrakh Insurance Company Beijing Representative Office

机构类别：代表处

成立时间：2000年10月

电　　话：010-64685852

地　　址：北京市朝阳区亮马桥路42号光明公寓8号楼8407室

传　　真：010-64685853

网　　址：www.ingos.ru

法国

安盟相互保险公司
Groupama Assurances Mutuelles

安盟相互保险公司成立于1900年，是一家起源于农业保险的相互制保险公司，总部设在法国巴黎，主要业务范围包括农业保险、汽车保险、企业财产险、健康险等。在中国、意大利、土耳其、匈牙利、罗马尼亚、希腊、保加利亚、斯洛伐克和突尼斯设有营业性分支机构。

在华机构：中航安盟财产保险有限公司
Groupama Avic Property Insurance Co., Ltd.

机构类别：财险公司

成立时间：2012年3月

电　　话：028-67670550

地　　址：四川省成都市高新区交子大道33号中国华商金融中心1号楼36楼

传　　真：028-67670550

网　　址：www.groupama-avic.com.cn

在华机构： 法国安盟相互保险公司北京代表处
Groupama Assurances Mutuelles Beijing Representative Office

机构类别： 代表处

成立时间： 1994年8月

电　　话： 010-65102170

地　　址： 北京市东城区建国门大街7号光华长安大厦2座1022室

传　　真： 010-65171203

网　　址： www.groupama.com

安盟甘寿险公司
Groupama Gan Vie

安盟甘寿险公司是安盟相互保险公司的全资寿险子公司，公司成立于1987年，主要在法国境内经营人寿保险及相关业务。

在华机构： 法国安盟甘寿险公司北京代表处
Groupama Gan Vie Beijing Representative Office

机构类别： 代表处

成立时间： 2009年1月

电　　话： 010-85086280

地　　址： 北京市朝阳区望京东园四区2号楼32楼3201号3216室

网　　址： www.groupama.com

安盛集团
AXA Group

安盛集团成立于1816年，总部位于法国巴黎，主要业务包括各类保险和再保险服务、资产管理、投资组合管理和咨询服务等。在全球五大洲57个市场有运营机构。

在华机构： 安盛天平财产保险有限公司
AXA Tianping Property and Casualty Insurance Co., Ltd.

机构类别： 财险公司

成立时间： 2004年12月

电　　话： 021-60660000

地　　址： 中国（上海）自由贸易试验区银城路1幢117号瑞明大厦10楼1002单元、11楼

传　　真： 021-58401229

网　　址： www.axa.cn

在华机构： 工银安盛人寿保险有限公司
ICBC-AXA Assurance Co., Ltd.

机构类别： 寿险公司

成立时间： 2012年7月

电　　话： 021-58792288

地　　址： 中国（上海）自由贸易试验区陆家嘴环路166号5楼E单元、18楼和19楼

传　　真： 021-58792299

网　　址： www.icbc-axa.com

在华机构： 安盛天平保险销售有限公司

机构类别： 保险专业代理公司

成立时间： 2013年1月

电　　话： 0574-27829935

地　　址： 浙江省宁波市鄞州区海晏北路784—800号（双号），会展路315号625室

传　　真： 0574-27829935

网　　址： www.axa.com

在华机构： 工银安盛资产管理有限公司
ICBC-AXA Asset Management Company Limited

机构类别： 资产管理公司

成立时间： 2019年4月

电　　话： 021-60198792

地　　址： 上海市浦东新区陆家嘴环路166号未来资产大厦27楼A、B单元

传　　真： 021-60198140

网　　址： www.amc.icbc-axa.com

在华机构： 法国安盛公司北京代表处
AXA Beijing Representative Office

机构类别： 代表处

成立时间： 1994年9月

电　　话： 010-66555983

地　　址： 北京市东城区东长安街1号东方广场东一办公楼905室

传　　真： 010-66555990

网　　址： www.axa.com

法国巴黎保险集团
BNP Paribas Cardif

法国巴黎保险集团成立于1973年，隶属于法国巴黎银行集团（BNP Paribas）。业务范围包括人寿保险和财产保险。公司业务覆盖欧洲、亚洲、拉丁美洲的30多个国家和地区。旗下的法国巴黎财产保险有限公司在北京设有代表处。

在华机构： 中荷人寿保险有限公司
BOB-Cardif Life Insurance Co., Ltd.

机构类别： 寿险公司

成立时间： 2002年6月

电　　话： 0411-82581090

地　　址： 辽宁省大连市中山区中山路136号希望大厦33楼

传　　真： 0411-82531200

网　　址： www.bob-cardif.com

法国巴黎财产保险有限公司
Cardif-Assurances Risques Divers S.A.

法国巴黎财产保险有限公司成立于1976年，总部位于法国巴黎，主要经营财产保险业务。法国巴黎财产保险有限公司隶属于法国巴黎保险集团。

在华机构：法国巴黎财产保险有限公司北京代表处
Cardif-Assurances Risques Divers S.A. Beijing Representative Office

机构类别：代表处

成立时间：2005年7月

电　　话：010-85910181

地　　址：北京朝阳区建国门外大街1号国贸大厦A座2024室

传　　真：010-85910183

网　　址：www.bnpparibascardif.com

法国国家人寿保险公司
CNP Assurances

法国国家人寿保险公司成立于1969年，总部位于法国巴黎，业务范围包括人身保险、养老金、公积金、健康险等。主要业务在欧洲和拉丁美洲，在意大利和巴西设有分支机构。

在华机构：法国国家人寿保险公司北京代表处
CNP Assurances S.A. Beijing Representative Office
机构类别：代表处
成立时间：1998年2月
电　　话：010-85288185
地　　址：北京市朝阳区建外大街永安东里8号华彬大厦1712室
传　　真：010-85288187
网　　址：www.cnp.fr

法国再保险公司
SCOR SE

法国再保险公司成立于1970年，业务范围包括财产险、寿险和健康险的再保险业务，在亚洲、欧洲、美洲等地设有38家境外机构。

在华机构：法国再保险公司北京分公司
SCOR SE Beijing Branch
机构类别：再保险公司
成立时间：2008年3月
电　　话：010-57068787
地　　址：北京市朝阳区建国门外大街1号院16号楼53楼01—12单元
传　　真：010-65055239
网　　址：www.scor.com

圣汇安集团
Siaci Saint Honoré

圣汇安集团成立于1957年，总部位于法国巴黎。业务范围包括保险经纪、国际健康险和寿险的保单服务、钻石和艺术品保险、海运保险、保险咨询业务等。在中国、比利时、意大利、加拿大、阿联酋、沙特阿拉伯等地设有境外机构。

在华机构：法国圣汇安保险经纪股份有限公司上海代表处
Siaci Saint Honoré Shanghai Representative Office

机构类别：代表处

成立时间：2009年9月

电　　话：021-61870402

地　　址：上海市浦东新区峨山路91弄100号（陆家嘴软件园2号楼）907单元

传　　真：021-61870402

网　　址：www.s2hgroup.com

荷兰

达信国际有限公司
Sedgwick International B.V.

达信国际有限公司是达信（中国）保险经纪有限公司的股东，成立于1973年，注册地为荷兰阿姆斯特丹，是美国MMC集团（Marsh & McLennan Companies, Inc.）旗下的公司。

在华机构： 达信（中国）保险经纪有限公司
Marsh (China) Insurance Brokers Co., Ltd.

机构类别： 保险经纪公司

成立时间： 1993年12月15日

电　　话： 010-65334000

地　　址： 北京市朝阳区光华路1号北京嘉里中心北楼1506室

传　　真： 010-85298761/85298762

网　　址： www.marsh.com/cn

全球人寿保险集团
Aegon Group

全球人寿保险集团成立于1844年，总部位于荷兰海牙，业务范围包括人寿保险、养老金及资产管理等。在中国、美国、英国、荷兰、匈牙利、波兰、土耳其、西班牙、葡萄牙、印度等地设有全资子公司和合资公司。

在华机构： 同方全球人寿保险有限公司
Aegon Thtf Life Insurance Co., Ltd.

机构类别： 寿险公司

成立时间： 2003年4月

电　　话： 0755-36809555

地　　址： 深圳市福田区莲花街道商报东路11号英龙商务大厦2810—2813室

传　　真： 0755-36992199

网　　址： www.aegonthtf.com

全球人寿保险国际公司
Aegon International B.V.

全球人寿保险国际公司成立于1936年，是全球人寿保险集团的全资子公司。全球人寿保险国际公司的主要业务范围包括人寿保险、养老金、意外和健康保险、财产保险业务、资产管理等。在美国、日本、印度、墨西哥、巴西等国家和地区设有分支机构。

在华机构： 全球人寿保险国际公司北京代表处
Aegon Beijing Representative Office

机构类别： 代表处

成立时间： 1998年2月

电　　话： 010-85151248、85151249

地　　址： 北京市朝阳区亮马桥路50号北京燕莎中心1号楼C809

传　　真： 无

网　　址： www.aegon.com/en/Home

赛维特欧洲有限公司
Sedgwick Europa B.V.

赛维特欧洲有限公司成立于1939年，总部位于荷兰鹿特丹，主要业务为保险理赔和风险管理服务，在中国、荷兰、法国、德国、英国、西班牙、比利时、瑞典、俄罗斯、南非等20多个国家和地区设有境外机构。

在华机构： 赛维特保险公估（中国）有限公司
Sedgwick China Co., Ltd.

机构类别： 保险公估公司

成立时间： 2004年2月

电　　话： 021-63221616

地　　址： 上海市黄浦区九江路333号金融广场801—05a室

传　　真： 021-63528668

网　　址： www.sedgwick.com

卢森堡

瑞再国际财产保险有限公司
Swiss Re International S.E.

瑞再国际财产保险有限公司成立于1949年，总部位于卢森堡，业务范围主要包括财产保险、保证保险、航空保险、责任保险及其他保险业务。境外分支机构主要分布于中国、新加坡、澳大利亚、日本、马来西亚、瑞士、英国、荷兰、德国、斯洛伐克、意大利、法国、西班牙等。瑞再国际财产保险有限公司隶属于瑞士再保险集团，后者成立于1863年，总部位于瑞士苏黎世。

在华机构： 瑞再企商保险有限公司
Swiss Re Corporate Solutions Insurance China Ltd.

机构类别： 财险公司

成立时间： 2008年3月

电　　话： 021-60359188

地　　址： 中国（上海）自由贸易试验区世纪大道1198号世纪汇广场第9层02—06单元

传　　真： 021-60359100

网　　址： www.swissrecorporatesolutions.com.cn

葡萄牙

忠诚保险有限公司
Fidelidade-Companhia de Seguros, S.A.

忠诚保险有限公司成立于1808年。业务范围包括人身保险、财产保险、健康保险等，在11个国家和地区设有保险机构，分别为欧洲的葡萄牙、法国、西班牙，亚洲的中国澳门，非洲的安哥拉、莫桑比克、佛得角，南美洲的秘鲁、智利、玻利维亚、巴拉圭。

在华机构： 葡萄牙忠诚保险有限公司北京代表处
Fidelidade-Companhia de Seguros, S.A., Beijing Representative Office

机构类别： 代表处

成立时间： 2018年10月

电　　话： 010-65398591

地　　址： 北京市朝阳区朝阳北路237号复星国际中心3002

传　　真： 010-59152177

网　　址： www.fidelidade.pt

瑞士

瑞士再保险股份有限公司
Swiss Reinsurance Co. Ltd.

瑞士再保险股份有限公司成立于1863年，总部位于瑞士苏黎世。业务范围主要包括财产和人身保险的再保险业务及再保险相关服务。境外分支机构主要位于中国、加拿大、印度、以色列。瑞士再保险股份有限公司隶属于瑞士再保险集团。后者成立于1863年，总部位于瑞士苏黎世。

在华机构：瑞士再保险股份有限公司北京分公司
Swiss Reinsurance Co., Ltd. Beijing Branch

机构类别：再保险公司

成立时间：2003年9月

电　　话：010-65638888

地　　址：北京市朝阳区针织路23号中国人寿金融中心22楼

传　　真：010-85950760

网　　址：www.swissre.com/china

苏黎世保险公司
Zurich Insurance Company

苏黎世保险公司成立于1884年，主要经营各类保险和再保险业务。公司隶属于苏黎世保险集团（Zurich Insurance Group），该集团成立于1872年，为215个国家和地区的客户提供财产保险和人寿保险的产品和服务。

在华机构：苏黎世财产保险（中国）有限公司
Zurich General Insurance Company (China) Limited

机构类别：财险公司

成立时间：2013年7月

电　　话：021-20895500

地　　址：中国（上海）自由贸易试验区世纪大道100号上海环球金融中心16楼T20

传　　真：021-20895599

网　　址：www.zurich.com.cn

西班牙

曼福再保险公司
Mapfre Re, Compania De Reaseguros, S.A.

曼福再保险公司成立于1986年，总部位于西班牙马德里，业务范围包括寿险和非寿险再保险，在欧洲、拉丁美洲、北美洲和亚洲设有19家机构。

在华机构： 西班牙曼福再保险公司北京代表处
Mapfre Re Beijing Representative Office

机构类别： 代表处

成立时间： 2016年2月

电　　话： 010-59752558

地　　址： 北京市朝阳区工人体育场北路甲6号中宇大厦1809室

传　　真： 010-59752659

网　　址： www.mapfrere.com

意大利

忠利保险有限公司
Assicurazioni Generali S.p.A

忠利保险有限公司成立于1831年，总部位于意大利的里雅斯特（Trieste）。业务范围包括人寿保险、财产保险、再保险、资产管理。目前，公司在50余个国家和地区拥有400多家子公司。

在华机构： 中意财产保险有限公司
Generali China Insurance Co., Ltd.

机构类别： 财险公司

成立时间： 2007年4月

电　　话： 010-59601892

地　　址： 北京市朝阳区建国门外大街乙12号双子座大厦西塔9楼

传　　真： 010-59601888

网　　址： www.generali-china.cn

在华机构： 中意人寿保险有限公司
Generali China Life Insurance Co., Ltd.

机构类别： 寿险公司

成立时间： 2002年1月

电　　话： 010-58763988

地　　址： 北京市朝阳区光华路5号院世纪财富中心1号楼16楼

传　　真： 010-57611818

网　　址： www.generalichina.com

在华机构： 中意资产管理有限责任公司
Generali China Asset Management Co., Ltd.

机构类别： 资产管理公司

成立时间： 2013年5月

电　　话： 010-56801188-8964

地　　址： 北京市朝阳区光华路5号院世纪财富中心1号楼12楼

传　　真： 010-56801155

网　　址： www.gc-amc.com

在华机构： 忠利保险有限公司北京代表处
Assicurazioni Generali S.p.A Beijing Representative Office

机构类别： 代表处

成立时间： 1996年7月

电　　话： 010-65673958

地　　址： 北京市朝阳区建国门外大街乙12号双子座大厦东塔7楼03单元

传　　真： 010-65672958

网　　址： www.generali.com

英国

爱得经纪（伦敦）有限公司
Ed Broking (London) Limited

爱得经纪（伦敦）有限公司成立于1965年，主要从事保险中介业务。

在华机构： 英国爱得经纪（伦敦）有限公司上海代表处
Ed Broking (London) Limited Shanghai Representative Office

机构类别： 代表处

成立时间： 2006年12月

电　　话： 021-58780002

地　　址： 上海市浦东新区浦东南路379号金穗大厦25楼E室

传　　真： 010-58780612

网　　址： www.edbroking.com

佰仕富人寿再保险有限公司
Pacific Life Re Limited

佰仕富人寿再保险有限公司成立于1964年，总部位于英国伦敦，业务范围包括寿险、重疾、收入保障、住院津贴和长寿业务的再保险产品及服务。在新加坡、韩国及加拿大设有分公司，在日本和中国上海设有代表处。

在华机构：英国佰仕富人寿再保险有限公司上海代表处
Pacific Life Re Limited Shanghai Representative Office

机构类别：代表处

成立时间：2017年6月

电　　话：021-38932606

地　　址：中国（上海）自由贸易试验区银城中路501号2983室

传　　真：021-38932577

网　　址：www.pacificlifere.com

保柏金融公众有限公司
Bupa Finance PLC

保柏金融公众有限公司成立于1993年，总部位于英国伦敦，业务范围包括健康保险、医疗机构和养老中心，在大洋洲、欧洲、拉丁美洲等地区设有境外机构。目前由保柏集团（成立于1947年）全资控股。

在华机构： 英国保柏金融公众有限公司北京代表处
Bupa Finance PLC Beijing Representative Office

机构类别： 代表处

成立时间： 2006年8月

电　　话： 18518909415

地　　址： 北京市朝阳区亮马桥路甲40号二十一世纪大厦A302室

传　　真： 010-58541601

网　　址： www.bupa.com

保诚集团
Prudential Plc

保诚集团成立于1848年，总部位于英国伦敦。业务范围主要包括寿险、养老金、资产管理等，在亚洲、非洲、北美洲等多个国家和地区设有分支机构。

在华机构： 中信保诚人寿保险有限公司
CITIC-Prudential Life Insurance Company Limited

机构类别： 寿险公司

成立时间： 2000年9月

电　　话： 010-85878699

地　　址： 北京市朝阳区东三环中路1号环球金融中心办公楼东楼16楼01—16号单元及5楼07—10号单元

传　　真： 无

网　　址： www.citic-prudential.com.cn

在华机构： 中信保诚资产管理有限责任公司
CITIC-Prudential Asset Management Company Ltd.

机构类别： 资产管理公司

成立时间： 2019年12月

电　　话： 010-85878699转5882

地　　址： 北京市朝阳区东三环中路1号1幢1单元5楼501内01—02、15—16单元

传　　真： 010-85878577

网　　址： citicpru-amc.com.cn

在华机构： 英国保诚集团亚洲有限公司北京代表处
Prudential Corporation Asia Limited Beijing Representative Office

机构类别： 代表处

成立时间： 2020年9月

电　　话： 010-85183096

地　　址： 北京市东城区东长安街一号北京东方广场W1座610室

传　　真： 010-85103116

网　　址： www.prudentialplc.com

标准人寿安本集团
Standard Life Aberdeen Plc

标准人寿保险公司于1825年在英国爱丁堡成立，于2017年与安本资产管理公司合并成立标准人寿安本集团。标准人寿安本集团主要业务涵盖投资和养老金等，在多个国家和地区设有分支机构。

在华机构： 恒安标准人寿保险有限公司
Heng An Standard Life Insurance Company Limited

机构类别： 寿险公司

成立时间： 2003年12月

电　　话： 022-58826666

地　　址： 天津市和平区南京路189号津汇广场2座17楼、18楼、19楼、20楼及21楼01单元

传　　真： 022-58826789

网　　址： www.hengansl.com

在华机构： 恒安标准养老保险有限责任公司
Heng An Standard Pension Insurance Co., Ltd.

机构类别： 养老保险公司

成立时间： 2020年12月

电　　话： 022-58826699

地　　址： 天津市和平区南京路189号津汇广场2座21楼02单元

传　　真： 022-83191526

网　　址： www.haslpension.com

JLT Group Holdings Limited

JLT Group Holdings Limited成立于1982年，总部位于英国伦敦。其全球子公司主要从事保险经纪、再保险经纪和员工福利业务。JLT Group Holdings Limited是美国MMC集团（Marsh & McLennan Companies, Inc.）旗下的公司。

在华机构： 美仕保险经纪（上海）有限公司
Private Client Services by Mercer China Limited

机构类别： 保险经纪公司

成立时间： 2006年6月

电　　话： 021-60582000

地　　址： 上海市黄浦区淮海中路300号香港新世界大厦办公楼5001室

传　　真： 021-60582120

网　　址： www.mercerpcs.com.cn

劳合社
Lloyd’s

劳合社成立于1688年，总部位于英国伦敦。它是全球特殊风险保险和再保险市场，主要业务包括特殊风险保险、责任保险和再保险等。目前，有80个辛迪加和13家特殊目的机构在劳合社市场承保保险和再保险业务，业务范围覆盖全球200多个国家和地区。

在华机构：劳合社保险（中国）有限公司
Lloyd’s Insurance Company (China) Limited

机构类别：财险公司

成立时间：2007年3月

电　　话：021-61628200

地　　址：中国（上海）自由贸易试验区银城中路501号30楼3001、3004、3005、3006、3007、3008单元

传　　真：021-61628250

网　　址：www.lloyds.com.cn

诺德保险经纪有限公司
Lockton Companies International Limited

诺德保险经纪有限公司成立于1975年，总部位于英国伦敦，主要业务为保险经纪，隶属于美国诺德集团。

在华机构： 诺德（中国）保险经纪有限公司
Lockton Companies (China) Insurance Brokers Limited

机构类别： 保险经纪公司

成立时间： 2008年9月

电　　话： 021-50812338

地　　址： 中国（上海）自由贸易试验区东方路1217号5楼A单元

传　　真： 021-58206260

网　　址： www.locktoninternational.com/apac/homepage

韦莱韬悦股份有限公司
Willis Towers Watson Public Limited Company

韦莱韬悦股份有限公司成立于1828年，业务范围主要包括人力资源与福利、企业风险管理、经济业务、投资、风险与再保险等，业务覆盖140多个国家和地区。

在华机构： 韦莱保险经纪有限公司
Willis Insurance Brokers Co., Ltd.

机构类别： 保险经纪公司

成立时间： 2004年8月

电　　话： 021-50298088

地　　址： 上海市浦东新区世纪大道1198号世纪汇一座11楼

传　　真： 021-50298000

网　　址： www.willis.cn

英国耆卫瑞余有限公司
OM Residual UK Limited

英国耆卫瑞余有限公司隶属于耆卫集团。耆卫集团于1845年在南非开普敦成立，主要业务包括银行、保险和资产管理，是非洲大陆的综合性跨国金融集团，旗下机构分布在中国以及南部非洲、东部非洲、西部非洲的13个国家。

在华机构： 英国耆卫瑞余有限公司北京代表处
OM Residual UK Limited Beijing Representative Office

机构类别： 代表处

成立时间： 2004年4月

电　　话： 010-65057686

地　　址： 北京市朝阳区广渠路金茂府23号院1号楼2803室

传　　真： 010-65057828

网　　址： www.oldmutual.com

英杰华集团
Aviva Plc

英杰华集团成立于1696年。该集团主要业务包括人寿保险、健康保险、汽车保险、房屋保险、投资。境外机构分布于中国、爱尔兰、加拿大、新加坡等。

在华机构： 中英人寿保险有限公司
Aviva-COFCO Life Insurance Co., Ltd.

机构类别： 寿险公司

成立时间： 2002年12月

电　　话： 010-84400888

地　　址： 北京市朝阳区东三环中路20号楼12楼、15楼及10楼01、06—09单元，24号楼27楼

传　　真： 010-84400080

网　　址： www.aviva-cofco.com.cn

North America

北美洲

加拿大

美国

百慕大

加拿大

宏利金融集团
Manulife Financial Corporation

宏利金融集团成立于1887年，总部位于加拿大多伦多。集团业务范围包括财务规划、保险、财富和资产管理等，在中国、美国、英国、加拿大、日本、泰国、菲律宾、柬埔寨、马来西亚、缅甸等地设有境外机构。

在华机构： 中宏人寿保险有限公司
Manulife-Sinochem Life Insurance Co., Ltd.

机构类别： 寿险公司

成立时间： 1996年11月

电　　话： 021-20698888

地　　址： 中国（上海）自由贸易试验区世纪大道88号金茂大厦6楼、35楼和36楼

传　　真： 021-20698888

网　　址： www.manulife-sinochem.com

加拿大人寿保险公司
Canada Life Assurance Company

加拿大人寿保险公司成立于1847年，总部位于加拿大曼尼托巴省温尼伯市。业务范围包括人寿保险、失能保险、失业保险、重大疾病保险、再保险、财富管理等。在中国、美国、英国、马恩岛、德国以及爱尔兰等国家和地区设有境外机构。

在华机构： 加拿大人寿保险公司北京代表处
Canada Life Assurance Company Beijing Representative Office

机构类别： 代表处

成立时间： 1998年3月

电　　话： 010-65264005

地　　址： 北京市东城区建国门内大街8号中粮广场B座1223室

传　　真： 010-65263970

网　　址： www.canadalife.com

加拿大永明人寿保险公司
Sun Life Assurance Company of Canada

加拿大永明人寿保险公司成立于1871年，总部位于加拿大多伦多，业务范围包括财务顾问和规划、寿险、健康险、旅行保险、养老保险等，海外业务主要分布在美国、英国和亚太地区。永明人寿保险公司隶属于永明金融集团（Sun Life Financial Inc.）。

在华机构：加拿大永明人寿保险公司北京代表处
Sun Life Assurance Company of Canada Beijing Representative Office

机构类别：代表处

成立时间：1995年5月

电　　话：010-85906500

地　　址：北京市朝阳区金桐西路10号远洋光华国际大厦10楼A01室

传　　真：010-85906501

网　　址：www.sunlife.com

美国

奥德赛再保险公司
Odyssey Reinsurance Company

奥德赛再保险公司成立于1996年，总部位于美国康涅狄格州斯坦福德，业务范围包括财产和意外再保险。在全球设有10多个分支机构和代表处，业务覆盖北美洲、拉丁美洲、欧洲、非洲、中东和亚太地区等。

在华机构： 美国奥德赛再保险公司北京代表处
Odyssey Reinsurance Company Beijing Representative Office

机构类别： 代表处

成立时间： 2015年12月

电　　话： 010-66182171

地　　址： 北京市西城区武定侯街6号卓著中心301A

传　　真： 010-66182171

网　　址： odysseygroup.com

安达集团
Chubb Group

安达集团成立于1882年，业务范围包括商业和个人财产责任保险、个人意外和补充健康保险、再保险及人身保险等，在54个国家和地区设有分支机构。

在华机构： 华泰保险集团股份有限公司
Huatai Insurance Group Co., Ltd.

机构类别： 保险集团公司

成立时间： 1996年8月

电　　话： 010-59371888

地　　址： 北京市西城区金融大街35号国际企业大厦A座18楼

传　　真： 010-59371819

网　　址： www.ehuatai.com

在华机构： 华泰财产保险有限公司
Huatai Property & Casualty Insurance Co., Ltd.

机构类别： 财险公司

成立时间： 2011年7月

电　　话： 021-60205001

地　　址： 上海市浦东新区康桥镇秀浦路68号1号楼五楼F、G区

传　　真： 021-60205050

网　　址： pc.ehuatai.com

在华机构： 安达保险有限公司
Chubb Insurance Company Limited

机构类别： 财险公司

成立时间： 2008年2月

电　　话： 021-23256688

地　　址： 中国（上海）自由贸易试验区世纪大道1229号801、802、803A和804室

传　　真： 021-52925880

网　　址： www.chubb.com.cn

在华机构： 华泰人寿保险股份有限公司
Huatai Life Insurance Co., Ltd.

机构类别： 寿险公司

成立时间： 2005年3月

电　　话： 010-59371188

地　　址： 北京市西城区金融大街35号国际企业大厦B座10楼

传　　真： 010-59371166

网　　址： life.ehuatai.com

在华机构： 华泰保险销售有限公司
Huatai Insurance Sales Co., Ltd.

机构类别： 保险专业代理公司

成立时间： 2011年4月

电　　话： 021-60205228

地　　址： 上海市浦东新区康桥镇秀浦路68号1号楼五楼C区

传　　真： 021-60205050

网　　址： www.ehuatai.com

在华机构： 华泰伟业上海保险经纪有限责任公司
Huatai Weiye Shanghai Insurance Brokerage Co., Ltd.
机构类别： 保险经纪公司
成立时间： 2011年10月
电　　话： 021-61691594
地　　址： 上海市浦东新区康桥镇秀浦路68号1号楼五楼B区
传　　真： 021-61691594
网　　址： www.ehuatai.com

在华机构： 华泰资产管理有限公司
Huatai Asset Management Co., Ltd.
机构类别： 资产管理公司
成立时间： 2005年1月
电　　话： 010-59372289
地　　址： 北京市西城区国际企业大厦B18
传　　真： 010-59372292
网　　址： www.htam.com.cn

在华机构： 美国北美洲保险公司北京代表处
Insurance Company of North America Beijing Representative Office
机构类别： 代表处
成立时间： 2001年4月
电　　话： 010-88091175
地　　址： 北京市西城区金融大街35号528室
传　　真： 010-88091184
网　　址： www.chubb.com

安泰人寿保险公司
Aetna Life Insurance Company

安泰人寿保险公司成立于1853年，业务范围包括健康保险、健康管理与服务、区域医疗卫生信息化等，在加拿大、阿联酋、新加坡、泰国、马来西亚、越南、菲律宾、印度尼西亚、中国香港设有境外机构。安泰人寿保险公司隶属于美国CVS Health集团。该集团创立于1892年，总部位于美国罗得岛，是一家医疗创新的集团公司。集团业务包括零售药店、诊所及健康保险等。

在华机构： 美国安泰人寿保险公司上海代表处
Aetna Life Insurance Company Shanghai Representative Office

机构类别： 代表处

成立时间： 2008年3月

电　　话： 021-63050338

地　　址： 上海市黄浦区蒙自路757号歌斐中心7楼06室

传　　真： 010-65171030

网　　址： www.cvshealth.com

柏柯莱保险集团
W.R.Berkley Corporation

柏柯莱保险集团成立于1967年，业务范围包括财产险、责任险等。在欧洲、北美洲、南美洲、亚洲和大洋洲设有境外机构。

在华机构： 柏柯莱保险集团公司北京代表处
W.R.Berkley Corporation Beijing Representative Office

机构类别： 代表处

成立时间： 2007年6月

电　　话： 010-85189688，010-85189168

地　　址： 北京市东城区东长安街1号东方广场写字楼东三座1905室

传　　真： 010-85189188

网　　址： www.wrberkley.com

大都会人寿保险公司
Metropolitan Life Insurance Company

大都会人寿保险公司成立于1866年，该公司总部位于美国纽约，业务范围包括人身保险、年金、意外险、健康险。该公司隶属于大都会集团（MetLife，Inc.）。大都会集团在中国、俄罗斯、阿根廷、墨西哥、乌拉圭、日本、印度、马来西亚、韩国、孟加拉、尼泊尔、捷克、法国、爱尔兰、匈牙利、希腊、意大利、葡萄牙、波兰等40多个国家和地区设有境外机构。

在华机构： 中美联泰大都会人寿保险有限公司
Sino-US United MetLife Insurance Co., Ltd.

机构类别： 寿险公司

成立时间： 2005年8月

电　　话： 021-23103636

地　　址： 中国（上海）自由贸易试验区世纪大道1196号31、32楼整个楼层

传　　真： 无

网　　址： www.metlife.com.cn

在华机构： 美国大都会人寿保险公司北京代表处
Metropolitan Life Insurance Company Beijing Representative Office

机构类别： 代表处

成立时间： 1995年1月

电　　话： 010-85189790

地　　址： 北京市东城区东长安街1号东方广场东2座12楼

传　　真： 010-85189792

网　　址： www.metlife.com

大陆保险公司
Continental Insurance Co.

大陆保险公司成立于1897年，业务范围包括财产险、责任险等。该公司隶属于CNA金融有限公司（CNA Financial Corporation Limited）。

在华机构： 美国大陆保险公司上海代表处
Continental Insurance Co. Shanghai Representative Office

机构类别： 代表处

成立时间： 2000年4月

电　　话： 021-62497511

地　　址： 上海市静安区延安西路129号华侨大厦2003室

传　　真： 无

网　　址： www.cna.com

大西洋再保险公司
Transatlantic Reinsurance Company

大西洋再保险公司成立于1952年，总部位于美国纽约，业务范围包括财产和责任再保险，在全球设有20多家分支机构。

在华机构： 大西洋再保险公司上海代表处
Transatlantic Reinsurance Company Shanghai Representative Office

机构类别： 代表处

成立时间： 1998年2月

电　　话： 021-50312671

地　　址： 上海市浦东新区世纪大道8号上海国金中心二期2307—2308室

传　　真： 021-50339560

网　　址： www.transre.com

佳达再保险经纪有限公司
Guy Carpenter & Company, Llc

佳达再保险经纪有限公司成立于1927年，总部位于美国纽约，业务范围包括再保险经纪、数据分析、企业风险管理等，在北美洲、拉丁美洲、欧洲、中东、非洲、亚太等地区设有60多家分支机构。佳达再保险经纪有限公司隶属于美国MMC集团（Marsh & McLennan Companies, Inc.）。

在华机构： 佳达保险经纪（北京）有限公司
Guy Carpenter Insurance Brokers (Beijing) Co., Ltd.

机构类别： 保险经纪公司

成立时间： 2011年1月

电　　话： 010-65334100

地　　址： 北京市东城区东长安街1号东方经贸城东三办公楼1109—1110室

传　　真： 010-85188407

网　　址： www.guycarp.com

利宝互助保险公司
Liberty Mutual Insurance Company

利宝互助保险公司成立于1912年，总部位于美国马萨诸塞州的波士顿。利宝互助保险公司主要经营财产保险，在全球29个国家和地区设有800多家分支机构。

在华机构： 利宝保险有限公司
Liberty Insurance Company Limited

机构类别： 财险公司

成立时间： 2007年9月

电　　话： 023-89038737

地　　址： 重庆市渝中区中山三路131号庆隆希尔顿商务中心35楼A、B、G户及33楼整层

传　　真： 023-89038673

网　　址： www.libertymutual.com.cn

联合健康保险公司
United Healthcare Insurance Company

联合健康保险公司成立于1974年，业务范围包括健康保险和健康管理，在南美洲的秘鲁、智利、巴西和欧洲的葡萄牙设有境外机构。

在华机构： 美国联合健康保险公司北京代表处
United Healthcare Insurance Company Beijing Representative Office

机构类别： 代表处

成立时间： 2007年1月

电　　话： 010-58291770

地　　址： 北京市朝阳区新源南路3号平安国际金融中心B座17楼17—01N室

传　　真： 010-58291993

网　　址： www.uhc.com

美国保德信保险公司
The Prudential Insurance Company of America

美国保德信保险公司成立于1873年，位于美国新泽西州纽瓦克市，为美国保德信金融集团旗下的寿险公司，业务范围包括非分红类个人寿险、养老金、团险和退休金业务等。在亚洲的中国、马来西亚，欧洲的卢森堡、英国，北美洲的美国，南美洲的阿根廷等地设有境外机构。

在华机构： 复星保德信人寿保险有限公司
Pramerica Fosun Life Insurance Co, Ltd.

机构类别： 寿险公司

成立时间： 2012年9月

电　　话： 400-8216808

地　　址： 中国（上海）自由贸易试验区张杨路2389弄1-2号置汇旭辉广场A座17—18楼01、02、03、05、06、07室

传　　真： 021-68826199

网　　址： www.pflife.com.cn

在华机构： 美国保德信保险公司北京代表处
The Prudential Insurance Company of America Beijing Representative Office

机构类别： 代表处

成立时间： 1998年9月

电　　话： 010-66025229

地　　址： 北京市西城区金融大街甲9号金融街中心南楼10楼1001—1015室

传　　真： 无

网　　址： www.prudential.com

美国国际集团
American International Group, Inc.

美国国际集团成立于1919年，总部位于美国纽约，业务范围包括财产险、责任险、寿险、退休金解决方案等，业务覆盖80多个国家和地区。

在华机构： 美亚财产保险有限公司
AIG Insurance Company China Ltd.

机构类别： 财险公司

成立时间： 2007年9月

电　　话： 021-38578000

地　　址： 中国（上海）自由贸易试验区世纪大道1589号长泰国际金融大厦5楼

传　　真： 021-38578111

网　　址： www.aig.com.cn

在华机构： 美国国际集团北京代表处
American International Group, Inc. Beijing Representative Office

机构类别： 代表处

成立时间： 1980年12月

电　　话： 010-59692981

地　　址： 北京市朝阳区建国路79号10层10办公2T01内05A室

传　　真： 010-59692999

网　　址： www.aig.com.cn

RGA美国再保险公司
RGA Reinsurance Company

RGA美国再保险公司成立于1973年，业务范围包括人寿和健康相关再保险。在中国、日本和韩国设有分公司，在中国和墨西哥设有代表处。RGA美国再保险公司隶属于RGA美国再保险（集团）公司。

在华机构： RGA美国再保险公司上海分公司
RGA Reinsurance Company Shanghai Branch

机构类别： 再保险公司

成立时间： 2014年9月

电　　话： 021-20670666

地　　址： 中国（上海）自由贸易试验区陆家嘴环路166号未来资产大厦10楼A、B、E、F单元

传　　真： 021-20670601

网　　址： www.rgare.com

在华机构： RGA美国再保险公司北京代表处
RGA Reinsurance Company Beijing Representative Office

机构类别： 代表处

成立时间： 2005年1月

电　　话： 010-85182528

地　　址： 北京市东城区东长安街1号东方广场东方经贸城西一办公楼15楼1504单元

传　　真： 010-85182532

网　　址： www.rgare.com

史带补偿及责任保险公司
Starr Indemnity & Liability Company

史带补偿及责任保险公司成立于1919年，业务范围包括航空险、财产险、意外伤害险和锅炉机械险、金融险、职业责任险和水险等财产保险业务。该公司隶属于史带国际有限公司（Starr International Company, INC.）。史带国际有限公司在中国、巴拿马、马耳他、英国、瑞士、智利、巴西、新加坡等地设有境外机构。

在华机构： 史带财产保险股份有限公司
Starr Property & Casualty Insurance (China) Company Limited

机构类别： 财险公司

成立时间： 1995年1月

电　　话： 021-38295888

地　　址： 中国（上海）自由贸易试验区福山路500号25楼01—04单元

传　　真： 021-38295999

网　　址： www.starrchina.cn

信安人寿保险公司
Principal Life Insurance Company

信安人寿保险公司成立于1879年，在北美洲、南美洲、亚洲等地设有分支机构。信安人寿保险公司业务包括养老金受托、账户和投资综合管理及个人寿险、年金保险、伤残保险、团体福利保险等。信安人寿保险公司隶属美国信安金融集团。

在华机构：美国信安人寿保险公司北京代表处
Principal Life Insurance Company Beijing Representative Office

机构类别：代表处

成立时间：1994年12月

电　　话：010-64629266

地　　址：北京市朝阳区建国门外大街1号国贸写字楼1座416室

传　　真：010-64628823

网　　址：www.principal.com

信利再保险美国公司
XL Reinsurance America Inc.

信利再保险美国公司于1929年在纽约成立，前身为Service Fire Insurance Company，总部位于美国康涅狄格州的斯坦福。该公司在美国和加拿大设有分支机构，业务范围包括财产保险、责任保险、水险的再保险业务及财产保险的再保临分业务等，承保的区域主要为美国和加拿大。信利再保险美国公司隶属于法国安盛集团（AXA）。

在华机构：信利再保险（中国）有限公司
XL Reinsurance China Company Limited

机构类别：再保险公司

成立时间：2011年3月

电　　话：021-60583900

地　　址：上海市浦东新区世纪大道8号国金中心一期10楼1013—1014单元

传　　真：021-60583950

网　　址：axaxl.cn

信诺保险公司
Cigna Corporation

信诺保险公司成立于1982年，由北美人寿和健康人寿合并成立，是信诺集团的全资子公司，专门从事健康医疗保险及服务。在20多个国家和地区设有20多个境外机构。

在华机构： 美国信诺保险公司北京代表处
Cigna Corporation Beijing Representative Office

机构类别： 代表处

成立时间： 1994年3月

电　　话： 010-85809055转816

地　　址： 北京市朝阳区建国路79号华贸中心写字楼2座1708室

传　　真： 010-85809060

网　　址： www.cigna.com

信诺健康人寿保险公司
Cigna Health and Life Insurance Company

信诺健康人寿保险公司成立于1963年，是信诺集团的全资子公司，业务范围包括团体健康险、个人医疗保险和寿险等。信诺健康人寿在美国、波多黎各和美属维尔京群岛有经营牌照和业务。

在华机构： 招商信诺人寿保险有限公司
Cigna & CMB Life Insurance Company Limited

机构类别： 寿险公司

成立时间： 2003年8月

电　　话： 0755-83196209

地　　址： 深圳市福田区深南大道7088号招商银行大厦3102号

传　　真： 0755-83196209

网　　址： www.cignacmb.com

在华机构： 招商信诺资产管理有限公司
Cigna & CMB Asset Management Company Limited

机构类别： 资产管理公司

成立时间： 2020年9月

电　　话： 021-61871288转6609

地　　址： 北京市朝阳区建国路79号华贸中心2号写字楼8楼07、08室及17楼02、03A、08B、09室

传　　真： 021-61681676

网　　址： www.cignacmbamc.com

怡安保险（集团）公司
Aon Corporation

怡安保险（集团）公司成立于1919年，业务范围包括保险经纪业务、再保险经纪业务和人力资源服务，在全球100多个国家和地区设有分支机构。

在华机构： 中怡保险经纪有限责任公司
Aon-COFCO Insurance Brokers Co., Ltd.

机构类别： 保险经纪公司

成立时间： 2003年11月

电　　话： 021-38658000

地　　址： 中国（上海）自由贸易试验区世纪大道88号金茂大厦41楼4103单元，42楼4201、4206—4208单元

传　　真： 021-50498331

网　　址： www.aon-cofco.com.cn

在华机构： 美国怡安保险（集团）公司北京代表处
Aon Corporation Beijing Representative Office

机构类别： 代表处

成立时间： 1996年1月

电　　话： 010-65630671

地　　址： 北京市朝阳区建国门外大街甲6号SK大厦1205室

传　　真： 010-65630672

网　　址： www.aon.com

百慕大

博纳再保险有限责任公司
Partner Re Limited

博纳再保险有限责任公司成立于1993年，业务范围包括巨灾再保险、农业再保险、信用再保险、航空再保险、财产和责任险、水险、能源再保险、建安工再保险、人寿再保险、意外健康险等，在全球13个国家设有17家分支机构。

在华机构：百慕大博纳再保险有限责任公司北京代表处
Partner Re Limited Beijing Representative Office

机构类别：代表处

成立时间：2007年12月

电　　话：010-85185780

地　　址：北京市东城区东长安街1号东方广场写字楼中一座1211室

传　　真：010-85189676

网　　址：www.partnerre.com

富卫人寿保险（百慕达）有限公司
FWD Life Insurance Company (Bermuda) Limited

富卫人寿保险（百慕达）有限公司成立于1845年，前身是ING寿险（百慕达）有限公司。富卫人寿保险（百慕达）有限公司的业务范围包括人寿保险、医疗保险、一般保险、员工福利保险等。该公司隶属于富卫集团，富卫集团在泰国、印度尼西亚、菲律宾、新加坡、越南、日本、马来西亚、中国香港、中国澳门等国家和地区经营保险业务。

在华机构： 百慕达富卫人寿保险（百慕达）有限公司上海代表处
FWD Life Insurance Company (Bermuda) Limited Shanghai Representative Office

机构类别： 代表处

成立时间： 2014年9月

电　　话： 021-31290512

地　　址： 上海市静安区延安中路1228号2207N

传　　真： 021-31063311

网　　址： www.fwd.cn

泰禾人寿保险有限公司
Tahoe Life Insurance Company Limited

泰禾人寿保险有限公司成立于1989年，前身为大新人寿保险有限公司。其主要业务在中国香港，业务范围为人寿保险。该公司目前暂无境外分支机构，仅在中国深圳设有1家代表处。

在华机构： 百慕大泰禾人寿保险有限公司深圳代表处
Bermuda Tahoe Life Insurance Company Limited Shenzhen Representative Office

机构类别： 代表处

成立时间： 2006年10月

电　　话： 0755-82209832

地　　址： 深圳市罗湖区人民南路发展中心大厦1504A室

传　　真： 0755-82209290

网　　址： www.tahoelife.com.hk

信利百慕大有限公司
XL Bermuda Ltd.

信利百慕大有限公司成立于2016年，其母公司是信利集团（XL Group）。2018年9月12日，信利集团正式并入法国安盛集团（AXA）。

在华机构： 信利百慕大有限公司北京代表处
XL Bermuda Ltd. Beijing Representative Office

机构类别： 代表处

成立时间： 2012年5月

电　　话： 010-83064926

地　　址： 北京市西城区太平桥大街96号中海财富中心A507室

传　　真： 010-83064920

网　　址： www.axaxl.com

Oceania

大洋洲

| 澳大利亚

澳大利亚

安保集团
AMP Limited

安保集团成立于1849年，总部位于澳大利亚悉尼，业务范围包括理财咨询、养老金等，主要在澳大利亚和新西兰经营业务。

在华机构： 安保集团北京代表处

AMP Limited Beijing Representative Office

机构类别： 代表处

成立时间： 1997年7月

电　　话： 010-65102125

地　　址： 北京市东城区建国门大街7号光华长安大厦2座1726室

传　　真： 010-65171030

网　　址： www.amp.com.au

澳大利亚康联保险集团
Colonial Mutual Group

澳大利亚康联保险集团成立于1875年，主要在澳大利亚和新西兰从事人寿保险和养老金管理业务。

在华机构： 澳大利亚康联保险集团北京代表处
Colonial Mutual Group Beijing Representative Office

机构类别： 代表处

成立时间： 1994年3月

电　　话： 010-65055023

地　　址： 北京市建国门大街1号国贸大厦1座2908室

传　　真： 010-65055004

网　　址： www.commbank.com.au

昆士兰保险集团
QBE Insurance Group Limited

昆士兰保险集团成立于1886年，总部位于澳大利亚悉尼，业务范围包括财产保险和再保险等，在全球27个国家设有境外机构。

在华机构： 澳大利亚昆士兰保险集团股份有限公司广州代表处
QBE Insurance Group Limited Guangzhou Representative Office

机构类别： 代表处

成立时间： 1997年10月

电　　话： 020-87781286

地　　址： 广东省广州市环市东路371—375号广州世界贸易中心大厦南塔1812室

传　　真： 020-87756485

网　　址： www.qbe.com

保险业“走出去”机构名录

Asia

亚洲

阿联酋
韩国
马来西亚
日本
泰国
新加坡
印度尼西亚
中国香港
中国澳门

阿联酋

中国出口信用保险公司
China Export & Credit Insurance Corporation

中国出口信用保险公司成立于2001年，总部位于北京，为中国货物、技术、服务出口以及海外工程承包、海外投资项目提供风险保障，主要产品及服务包括中长期出口信用保险、海外投资保险、短期出口信用保险、短期出口特险、国内贸易信用保险、进口预付款保险、担保、保单融资、资信服务等。

境外机构： 中国出口信用保险公司迪拜代表处
SINOSURE Dubai Representative Office

机构类别： 代表处

成立时间： 2021年4月

电　　话： +971-528316698

地　　址： Unit 604, Tower 2, Al Fattan Currency House, Dubai International Financial Centre, Dubai, UAE

传　　真： 无

网　　址： www.sinosure.com.cn

昆仑保险经纪股份有限公司
Kunlun Insurance Brokers Co., Ltd.

昆仑保险经纪股份有限公司成立于2003年，总部位于北京。该公司业务涵盖管理风险咨询、损失风险咨询、保险经纪、再保险经纪、保险公估等，为中国及非洲、中亚、中东、南美等多个国家和地区的客户及项目提供服务。其客户及项目涉及石油石化能源、建筑工程、交通运输、装备制造、进出口贸易、信息技术、金融等多个行业，包括能源险、责任险、工程险、特殊风险保险、再保险及人身险、员工福利等。

境外机构： 昆仑保险经纪股份有限公司中东办事处
Kunlun Insurance Brokers Middle East Representative Office

机构类别： 代表处

成立时间： 2017年7月

电　　话： +971-48856516

地　　址： Office LB182102, Jafza View 18, Jebel Ali Free Zone, Dubai, UAE

传　　真： +971-48856516

网　　址： www.kunlunrisk.com

韩国

大家人寿保险股份有限公司
Dajia Life Insurance Co., Ltd.

大家人寿保险股份有限公司成立于2010年，总部位于北京。该公司主要经营各类人身保险业务（包括人寿保险、健康保险、意外伤害保险）及上述业务的再保险业务等。

境外机构： ABL人寿保险株式会社
ABL Life Insurance Co., Ltd.

机构类别： 寿险公司

成立时间： 1954年12月

电　　话： +82-237877684

地　　址： 147 Zengtang Avenue, Yongdengpu District, Seoul, Korea

传　　真： +82-237878409

网　　址： www.abllife.co.kr

境外机构： 东洋人寿保险株式会社
Tong Yang Life Insurance Co., Ltd.

机构类别： 寿险公司

成立时间： 1989年4月

电　　话： +82-27289410

地　　址： 33, Jong-ro, Jongno-gu, Seoul, Korea

传　　真： +82-27289078

网　　址： www.myangel.co.kr

马来西亚

中国太平保险集团有限责任公司
China Taiping Insurance Group, Ltd.

中国太平保险集团有限责任公司于1929年在上海成立，总部位于中国香港，业务范围涵盖寿险、财险、养老保险、再保险、再保险经纪及保险代理、互联网保险、资产管理、证券经纪、金融租赁、不动产投资、养老医疗健康产业等领域。

境外机构： 太平再保险有限公司纳闽分公司
Taiping Reinsurance Co., Ltd. Labuan Branch

机构类别： 再保险公司

成立时间： 2000年1月

电　　话： +60-87439661

地　　址： Level 11 (B), Block 4 Office Tower Financial Park Labuan Complex Jalan Merdeka, 87000 FT Labuan Malaysia

传　　真： +60-87439662

网　　址： www.tpre.cntaiping.com

中国再保险（集团）股份有限公司
China Reinsurance (Group) Co., Ltd.

中国再保险（集团）股份有限公司源于1949年成立的中国人民保险公司，2007年整体改制为股份有限公司，总部位于北京，主要业务包括再保险、直接保险、资产管理、保险经纪等。

境外机构： 中国财产再保险有限责任公司纳闽分公司
China Property & Casualty Reinsurance Company, Ltd., Labuan Branch

机构类别： 再保险公司

成立时间： 2020年9月

电　　话： +60-87442899

地　　址： No U1317, Lot 7616, Jalan Jumidar Buyong, 87000 Labuan F.T. Malaysia

传　　真： +60-87451899

网　　址： www.cpcr.com.cn

日本

中国太平保险集团有限责任公司
China Taiping Insurance Group, Ltd.

中国太平保险集团有限责任公司于1929年在上海成立，总部位于中国香港，业务范围涵盖寿险、财险、养老保险、再保险、再保险经纪及保险代理、互联网保险、资产管理、证券经纪、金融租赁、不动产投资、养老医疗健康产业等领域。

境外机构： 中国太平保险服务（日本）有限公司
China Taiping Insurance Service (Japan) Co., Ltd.

机构类别： 保险专业代理公司

成立时间： 1991年10月

电　　话： +81-362628236

地　　址： Level 10, PMO Kyobashi Higashi, 3-18-6 Hatchobori, Chuo-ku, Tokyo 104-0032, Japan

传　　真： +81-362628237

网　　址： jp.cntaiping.com

境外机构： 太平再保险有限公司日本代表处
Taiping Reinsurance Co., Ltd. Representative Office in Japan

机构类别： 代表处

成立时间： 2017年6月

电　　话： +81-362628036

地　　址： Level 10, PMO Hatchobori III, 3-18-6 Hatchobori, Chuo-ku, Tokyo 104-0032, Japan

传　　真： +81-362628237

网　　址： www.tpre.cntaiping.com

泰国

中国太平保险集团有限责任公司
China Taiping Insurance Group, Ltd.

中国太平保险集团有限责任公司于1929年在上海成立，总部位于中国香港，业务范围涵盖寿险、财险、养老保险、再保险、再保险经纪及保险代理、互联网保险、资产管理、证券经纪、金融租赁、不动产投资、养老医疗健康产业等领域。

境外机构：民安（控股）有限公司泰国代表处
The Ming An (Holdings) Co., Ltd.

机构类别：代表处

成立时间：2019年10月

电　　话：无

地　　址：Unit 6, 45/F, CRC Tower, 87 Wireless Road, Lumphinl, Phatumwan, Bangkok 10330

传　　真：无

网　　址：www.hk.cntaiping.com

新加坡

中国人寿保险（集团）公司
China Life Insurance (Group) Company

中国人寿保险（集团）公司前身是1949年成立的中国人民保险公司，1996年分设为中保人寿保险有限公司，1999年更名为中国人寿保险公司，2003年经重组改制，变更为中国人寿保险（集团）公司。总部位于北京，业务范围涵盖寿险、财险、企业年金、职业年金、资产管理、公募基金、财富管理及商业银行等。

境外机构： 中国人寿保险（新加坡）有限公司
China Life Insurance (Singapore) Pte., Ltd.

机构类别： 寿险公司

成立时间： 2014年11月

电　　话： +65-67274820

地　　址： 1 Raffles Place #46-00 One Raffles Place Tower 1 Singapore 048616

传　　真： +65-62601562

网　　址： www.chinalife.com.sg

中国太平保险集团有限责任公司
China Taiping Insurance Group, Ltd.

中国太平保险集团有限责任公司于1929年在上海成立，总部位于中国香港，业务范围涵盖寿险、财险、养老保险、再保险、再保险经纪及保险代理、互联网保险、资产管理、证券经纪、金融租赁、不动产投资、养老医疗健康产业等领域。

境外机构： 中国太平保险（新加坡）有限公司
China Taiping Insurance (Singapore) Pte., Ltd.

机构类别： 综合性保险公司

成立时间： 1938年8月

电　　话： +65-63896111

地　　址： 3 Anson Road #16-00, Springleaf Tower Singapore 079909

传　　真： +65-62221033

网　　址： www.sg.cntaiping.com

中国再保险（集团）股份有限公司
China Reinsurance (Group) Co., Ltd.

中国再保险（集团）股份有限公司源于1949年成立的中国人民保险公司，2007年整体改制为股份有限公司，总部位于北京，主要业务包括再保险、直接保险、资产管理、保险经纪等。

境外机构： 中国再保险（集团）股份有限公司新加坡分公司
China Reinsurance (Group) Co., Ltd. Singapore Branch

机构类别： 再保险公司

成立时间： 2016年6月

电　　话： +65-62021200

地　　址： 138 Market Street, #33-04 CapitaGreen, Singapore 048946

传　　真： 无

网　　址： www.cpcr.com.cn

印度尼西亚

中国人寿保险（集团）公司
China Life Insurance (Group) Company

中国人寿保险（集团）公司前身是1949年成立的中国人民保险公司，1996年分设为中保人寿保险有限公司，1999年更名为中国人寿保险公司，2003年经重组改制，变更为中国人寿保险（集团）公司。总部位于北京，业务范围涵盖寿险、财险、企业年金、职业年金、资产管理、公募基金、财富管理及商业银行等。

境外机构： 中国人寿保险（印度尼西亚）有限公司
PT. China Life Insurance Indonesia

机构类别： 寿险公司

成立时间： 2018年6月

电　　话： +62-2131112628

地　　址： The Plaza Office Tower 42nd Floor, Jl.MH.Thamrin Kav.28-30. Jakarta 10350, Indonesia

传　　真： +62-2131112699

网　　址： www.chinalife.co.id

中国太平保险集团有限责任公司
China Taiping Insurance Group, Ltd.

中国太平保险集团有限责任公司于1929年在上海成立，总部位于中国香港，业务范围涵盖寿险、财险、养老保险、再保险、再保险经纪及保险代理、互联网保险、资产管理、证券经纪、金融租赁、不动产投资、养老医疗健康产业等领域。

境外机构： 中国太平保险印度尼西亚有限公司
PT. China Taiping Insurance Indonesia

机构类别： 财险公司

成立时间： 1996年6月

电　　话： +62-2180600910

地　　址： The Tower 16th Floor, Jl.Jend. Gatot Subroto Kav.12, Jakarta 12930, Indonesia

传　　真： +62-2180600906

网　　址： www.id.cntaiping.com

中国香港

富德生命人寿保险股份有限公司
Funde Sino Life Insurance Co., Ltd.

富德生命人寿保险股份有限公司成立于2002年，总部位于深圳，主要经营人寿保险、年金保险、意外保险和健康保险业务，上述保险业务的再保业务、保险兼业代理业务及保险资金运用业务等。

境外机构： 富德资产管理（香港）有限公司
Funde Asset Management (Hong Kong) Company, Ltd.

机构类别： 资产管理公司

成立时间： 2012年12月

电　　话： +852-22168900

地　　址： 香港中环金融街8号国际金融中心2期4102—4105室

传　　真： +852-25285115

网　　址： www.sino-life.com

华泰资产管理有限公司
Huatai Asset Management Co., Ltd.

华泰资产管理有限公司成立于2005年，总部位于上海，业务范围包括管理运用自有资金及保险资金、受托资产管理业务，以及与资金管理业务相关的咨询业务等。

境外机构： 华泰资产管理（香港）有限公司
Huatai Asset Management (Hong Kong) Company, Ltd.

机构类别： 资产管理公司

成立时间： 2007年6月

电　　话： +852-28787800

地　　址： 香港湾仔港湾道18号中环广场5103室

传　　真： +852-28787683

网　　址： www.htam.com.cn

江泰保险经纪股份有限公司
Jiangtai Insurance Brokers Co., Ltd.

江泰保险经纪股份有限公司成立于2000年，总部位于北京，主要从事直接保险经纪业务、再保险经纪业务和咨询业务，为文化和旅游、卫生健康、教育、应急与安全生产等领域，以及工程施工、工业制造、金融、石油化工、交通运输等行业客户提供服务。

境外机构：中国江泰保险经纪有限公司
China Jiang Tai Insurance Brokers Limited

机构类别：保险经纪公司

成立时间：2014年12月

电　　话：+852-28676388

地　　址：香港湾仔庄士敦道181号大友大厦11楼1112室

传　　真：+852-23862882

网　　址：www.jiangtai.com

泰康资产管理有限责任公司
Taikang Asset Management Co., Ltd.

泰康资产管理有限责任公司成立于2006年，总部位于上海，业务范围包括管理运用自有资金及保险资金、受托资产管理业务，以及与资金管理业务相关的咨询业务、公开募集证券投资基金管理业务等。

境外机构：泰康资产管理（香港）有限公司
Taikang Asset Management (Hong Kong) Co., Ltd.

机构类别：资产管理公司

成立时间：2007年11月

电　　话：+852-39755100

地　　址：香港花园道1号中国银行大厦39楼

传　　真：+852-21170960

网　　址：www.taikangasset.cn/tkzc/hk

新华人寿保险股份有限公司
New China Life Insurance Co., Ltd.

新华人寿保险股份有限公司成立于1996年，注册地为北京，业务范围包括各类人寿保险、健康保险、意外伤害保险，以及保险代理、理赔、咨询和保险资金运用业务等。

境外机构： 新华资产管理（香港）有限公司
New China Asset Management (Hong Kong) Ltd.

机构类别： 资产管理公司

成立时间： 2013年3月

电　　话： +852-29656100

地　　址： 香港中环金融街8号国际金融中心二期27楼2701—2705室

传　　真： +852-29656161

网　　址： www.ncamc.com.hk

亚太财产保险有限公司
Asia-Pacific Property & Casualty Insurance Co., Ltd.

亚太财产保险有限公司成立于2005年，总部位于深圳，主要业务为财产损失险、责任险、信用保险和保证保险、短期健康险和意外伤害险，上述业务的再保业务及保险资金运用业务等。

境外机构：亚太财产保险有限公司香港分公司
Asia-Pacific Property & Casualty Insurance Co., Ltd. Hong Kong Branch

机构类别：财险公司

成立时间：2016年2月

电　　话：+852-28818463

地　　址：香港花园道1号中银大厦40楼

传　　真：+852-21659200

网　　址：www.apiins.com.hk

中国平安保险（集团）股份有限公司
Ping An Insurance (Group) Company of China, Ltd.

中国平安保险（集团）股份有限公司成立于1988年，总部位于深圳，主要业务范围包括投资金融、保险企业，监督管理控股投资企业的各种国内、国际业务，开展保险资金运用业务等。

境外机构： 中国平安保险（香港）有限公司
China Ping An Insurance (Hong Kong) Co., Ltd.
机构类别： 财险公司
成立时间： 1992年11月
电　　话： +852-28271883
地　　址： 香港九龙观塘海滨道123号绿景NED19楼1901A室
传　　真： +852-28020018
网　　址： www.pingan.com.hk

境外机构： 中国平安资产管理（香港）有限公司
Ping An of China Asset Management (Hong Kong) Co., Ltd.
机构类别： 资产管理公司
成立时间： 2006年5月
电　　话： +852-37629138
地　　址： 香港中环金融街8号国际金融中心2期23楼2301室
传　　真： 无
网　　址： www.asset.pingan.com.hk

中国人民保险集团股份有限公司
The People’s Insurance Company (Group) of China, Ltd.

中国人民保险集团股份有限公司成立于1949年，总部位于北京，业务范围覆盖财产险、人身险、再保险、资产管理、不动产投资和另类投资、金融科技等领域。

境外机构： 中国人民保险（香港）有限公司
The People’s Insurance Company of China (Hong Kong), Ltd.
机构类别： 财险公司
成立时间： 2002年11月
电　　话： +852-25172332
地　　址： 香港干诺道中148号粤海投资大厦13&15楼
传　　真： +852-25406260
网　　址： www.picchk.com

境外机构： 中国人保香港资产管理有限公司
PICC Asset Management (Hong Kong) Co., Ltd.
机构类别： 资产管理公司
成立时间： 2014年6月
电　　话： +852-39592600
地　　址： 香港中环添美道1号中信大厦1007—1009室
传　　真： +852-21170282
网　　址： www.picc.com

中国人寿保险（集团）公司
China Life Insurance (Group) Company

中国人寿保险（集团）公司前身是1949年成立的中国人民保险公司，1996年分设为中保人寿保险有限公司，1999年更名为中国人寿保险公司，2003年经重组改制，变更为中国人寿保险（集团）公司。总部位于北京，业务范围涵盖寿险、财险、企业年金、职业年金、资产管理、公募基金、财富管理及商业银行等。

境外机构： 中国人寿保险（海外）股份有限公司
China Life Insurance (Overseas) Co., Ltd.

机构类别： 寿险公司

成立时间： 1984年11月

电　　话： +852-25458111

地　　址： 香港九龙红磡红鸾道18号One Harbour Gate中国人寿中心12楼

传　　真： +852-25444395

网　　址： www.chinalife.com.hk

境外机构： 中国人寿保险（海外）股份有限公司香港分公司
China Life Insurance (Overseas) Co., Ltd. Hong Kong Branch

机构类别： 寿险公司

成立时间： 1984年11月

电　　话： +852-25458111

地　　址： 香港湾仔轩尼诗道313号中国人寿大厦22楼

传　　真： +852-25444395

网　　址： www.chinalife.com.hk

境外机构： 中国人寿顾问有限公司
China Life Consulting Co., Ltd.

机构类别： 保险经纪公司

成立时间： 1994年8月

电　　话： +852-25458111

地　　址： 香港湾仔轩尼诗道313号中国人寿大厦22楼

传　　真： +852-25444395

网　　址： www.chinalife.com.hk

境外机构： 中国人寿富兰克林资产管理有限公司
China Life Franklin Asset Management Co., Ltd.

机构类别： 资产管理公司

成立时间： 2005年11月

电　　话： +852-39445588

地　　址： 香港中环长江集团中心301室

传　　真： +852-25379360

网　　址： www.clamc.com.hk

境外机构： 中国人寿信托有限公司
China Life Trustees, Ltd.

机构类别： 信托公司

成立时间： 1995年8月

电　　话： +852-25458111

地　　址： 香港湾仔轩尼诗道313号中国人寿大厦17楼

传　　真： +852-28932103

网　　址： www.chinalifetrustees.com.hk

中国太平保险集团有限责任公司
China Taiping Insurance Group, Ltd.

中国太平保险集团有限责任公司于1929年在上海成立，总部位于中国香港，业务范围涵盖寿险、财险、养老保险、再保险、再保险经纪及保险代理、互联网保险、资产管理、证券经纪、金融租赁、不动产投资、养老医疗健康产业等领域。

境外机构： 中国太平保险（香港）有限公司
China Taiping Insurance (Hong Kong) Co., Ltd.

机构类别： 财险公司

成立时间： 1949年9月

电　　话： +852-28151551

地　　址： 香港北角京华道18号15楼

传　　真： +852-25416567

网　　址： www.hk.cntaiping.com

境外机构： 太平再保险有限公司
Taiping Reinsurance Co., Ltd.

机构类别： 再保险公司

成立时间： 1980年9月

电　　话： +852-28653838

地　　址： 香港北角京华道18号17、18楼

传　　真： +852-25449633

网　　址： www.tpre.cntaiping.com

境外机构：中国太平人寿保险（香港）有限公司
China Taiping Life Insurance (Hong Kong) Co., Ltd.
机构类别：寿险公司
成立时间：2015年12月
电　　话：+852-28536333
地　　址：香港北角京华道18号9楼
传　　真：+852-28536323
网　　址：tplhk.cntaiping.com

境外机构：太平再保险顾问有限公司
Taiping Reinsurance Brokers Ltd.
机构类别：保险中介公司
成立时间：1996年7月
电　　话：+852-31902001
地　　址：香港北角京华道18号1201室
传　　真：+852-31902003
网　　址：tprb.cntaiping.com

境外机构：太平金融控股有限公司
Taiping Financial Holdings Co., Ltd.
机构类别：投资控股①
成立时间：1986年10月
电　　话：+852-36691888
地　　址：香港北角京华道18号20楼
传　　真：+852-25721922
网　　址：https://www.tpfh.cntaiping.com/tc

① 太平金融控股有限公司全资控股太平证券（香港）有限公司、太平资产管理（香港）有限公司、中国保险集团财务有限公司、太平信托有限公司及太平融资有限公司。

中国太平洋保险（集团）股份有限公司
China Pacific Insurance (Group) Co., Ltd.

中国太平洋保险（集团）股份有限公司成立于1991年，总部位于上海。主要业务包括人身保险、财产保险、健康险、保险资金运用及第三方资产管理业务、养老金管理及相关资产管理业务等。

境外机构： 中国太平洋保险（香港）有限公司
China Pacific Insurance (H.K.) Co., Ltd.

机构类别： 财险公司

成立时间： 1994年6月

电　　话： +852-25414338

地　　址： 香港湾仔港湾道18号中环广场4301室

传　　真： +852-25414332

网　　址： www.cpic.com.hk

境外机构： 中国太保投资管理（香港）有限公司
CPIC Investment Management (H.K.) Co., Ltd.

机构类别： 资产管理公司

成立时间： 2010年2月

电　　话： +852-38909000

地　　址： 香港九龙柯士甸道西1号环球贸易广场76楼7601B—02A室

传　　真： +852-39710008

网　　址： asset.cpic.com.cn

中国再保险（集团）股份有限公司
China Reinsurance (Group) Co., Ltd.

中国再保险（集团）股份有限公司源于1949年成立的中国人民保险公司，2007年整体改制为股份有限公司，总部位于北京，主要业务包括再保险、直接保险、资产管理、保险经纪等。

境外机构： 中国再保险（香港）股份有限公司
China Reinsurance (Hong Kong) Co., Ltd.

机构类别： 再保险公司

成立时间： 2019年12月

电　　话： +852-22529188

地　　址： 香港湾仔港湾道30号新鸿基中心1618室

传　　真： +852-22529199

网　　址： www.chinare.com.cn/hk

境外机构： 中再资产管理（香港）有限公司
China Re Asset Management (Hong Kong) Co., Ltd.

机构类别： 资产管理公司

成立时间： 2015年1月

电　　话： +852-21973800

地　　址： 香港中环交易广场第三座1201—1203室

传　　真： +852-23371733

网　　址： www.cramc.cn

境外机构：中国再保险（集团）股份有限公司香港代表处
China Reinsurance (Group) Corporation Hong Kong Representative Office

机构类别：代表处

成立时间：2001年4月

电　　话：+852-22529188

地　　址：香港湾仔港湾道30号新鸿基中心1618室

传　　真：+852-22529199

网　　址：www.chinare.com.cn/zhzjt/441005/index.html

境外机构：中再香港有限公司
China Re Hong Kong Co., Ltd.

机构类别：控股机构①

成立时间：2018年9月

电　　话：+852-22529188

地　　址：香港湾仔港湾道30号新鸿基中心1618室

传　　真：+852-22529199

网　　址：www.chinare.com.cn/zhzjt/441005/index.Html

① 中再香港有限公司为桥社集团的控股公司，间接全资控股桥社集团（包括桥社英国劳合社平台、桥社爱尔兰保险公司等机构）。

中国澳门

中国人寿保险（集团）公司
China Life Insurance (Group) Company

中国人寿保险（集团）公司前身是1949年成立的中国人民保险公司，1996年分设为中保人寿保险有限公司，1999年更名为中国人寿保险公司，2003年经重组改制，变更为中国人寿保险（集团）公司。总部位于北京，业务范围涵盖寿险、财险、企业年金、职业年金、资产管理、公募基金、财富管理及商业银行等。

境外机构： 中国人寿保险（海外）股份有限公司澳门分公司
China life Insurance (Overseas) Co., Ltd. Macau Branch

机构类别： 寿险公司

成立时间： 1989年4月

电　　话： +853-28787288

地　　址： 澳门新口岸宋玉生广场263号中土大厦22楼A、B、K—P座

传　　真： +853-28787287

网　　址： www.chinalife.com.mo

中国太平保险集团有限责任公司
China Taiping Insurance Group, Ltd.

中国太平保险集团有限责任公司于1929年在上海成立，总部位于中国香港，业务范围涵盖寿险、财险、养老保险、再保险、再保险经纪及保险代理、互联网保险、资产管理、证券经纪、金融租赁、不动产投资、养老医疗健康产业等领域。

境外机构： 中国太平保险（澳门）股份有限公司
China Taiping Insurance (Macau) Co., Ltd.

机构类别： 财险公司

成立时间： 2002年12月

电　　话： +853-28785578

地　　址： 澳门新口岸宋玉生广场398号中航大厦10楼

传　　真： +853-28787217

网　　址： www.mo.cntaiping.com

境外机构： 中国太平人寿保险（澳门）股份有限公司
China Taiping Life Insurance (Macau) Co., Ltd.

机构类别： 寿险公司

成立时间： 2019年2月

电　　话： +853-85908288

地　　址： 澳门新口岸宋玉生广场398号中航大厦9楼L—M室

传　　真： +853-85908299

网　　址： tplmo.cntaiping.com

境外机构： 太平再保险有限公司澳门代表处
Taiping Reinsurance Co., Ltd. Macau Representative Office

机构类别： 代表处

成立时间： 2020年6月

电　　话： +853-87965012

地　　址： 澳门宋玉生广场398号中航大厦8楼G室

传　　真： +853-28787217

网　　址： www.tpre.cntaiping.com

Africa

非洲

| 南非

南非

中国出口信用保险公司
China Export & Credit Insurance Corporation

中国出口信用保险公司成立于2001年，总部位于北京，为中国货物、技术、服务出口，以及海外工程承包、海外投资项目提供风险保障，主要产品及服务包括中长期出口信用保险、海外投资保险、短期出口信用保险、短期出口特险、国内贸易信用保险、进口预付款保险、担保、保单融资、资信服务等。

境外机构： 中国出口信用保险公司约翰内斯堡代表处
SINOSURE Johannesburg Representative Office

机构类别： 代表处

成立时间： 2020年12月

电　　话： +27-729868817

地　　址： Unit 58, The Nicol, Hobart Road, Bryanston, Johannesburg, South Africa

传　　真： 无

网　　址： www.sinosure.com.cn

中国太平保险集团有限责任公司
China Taiping Insurance Group, Ltd.

中国太平保险集团有限责任公司于1929年在上海成立，总部位于中国香港，业务范围涵盖寿险、财险、养老保险、再保险、再保险经纪及保险代理、互联网保险、资产管理、证券经纪、金融租赁、不动产投资、养老医疗、健康产业等领域。

境外机构： 中国太平保险控股有限公司驻南非代表处
Johannesburg Representative Office of China Taiping Insurance Holdings Co., Ltd.

机构类别： 代表处

成立时间： 2018年11月

电　　话： +86-13810121898

地　　址： B404 Sanchurst Garden CNR Fredman Drive and Fifth Street Sandton 2146, Johannesburg, South Africa

传　　真： 无

网　　址： www.cntaiping.com

Europe

欧洲

俄罗斯

匈牙利

英国

俄罗斯

世纪保险经纪股份有限公司
Century Insurance Broker Co., Ltd.

世纪保险经纪股份有限公司成立于2003年，总部位于北京，业务范围包括财产保险经纪服务、人身保险经纪服务、再保险经纪服务及风险管理咨询服务。

境外机构： 世纪保险经纪股份有限公司莫斯科代表处
Century Insurance Broker Moscow Representative Office

机构类别： 代表处

成立时间： 2017年7月

电　　话： +7-9856817357

地　　址： No.1, 5th floor, office 47, building 27/1, Lubyanskiy Proezd, Moscow, Russia

传　　真： 无

网　　址： www.bj-cib.com

匈牙利

江泰保险经纪股份有限公司
Jiangtai Insurance Brokers Co., Ltd.

江泰保险经纪股份有限公司成立于2000年，总部位于北京，主要从事直接保险经纪业务、再保险经纪业务和咨询业务，为文化和旅游、卫生健康、教育、应急与安全生产等领域，以及工程施工、工业制造、金融、石油化工、交通运输等行业客户提供服务。

境外机构： 江泰保险经纪股份有限公司匈牙利代表处
Jiang Tai Insurance Brokers Co., Ltd. Hungarian Representative Office

机构类别： 代表处

成立时间： 2020年7月

电　　话： +36-14133462

地　　址： 8 Perc utca 1036, Budapest, Hungary

传　　真： 无

网　　址： www.jiangtai.com

英国

中国出口信用保险公司
China Export & Credit Insurance Corporation

中国出口信用保险公司成立于2001年，总部位于北京，为中国货物、技术、服务出口，以及海外工程承包、海外投资项目提供风险保障，主要产品及服务包括中长期出口信用保险、海外投资保险、短期出口信用保险、短期出口特险、国内贸易信用保险、进口预付款保险、担保、保单融资、资信服务等。

境外机构： 中国出口信用保险公司伦敦代表处
SINOSURE London Representative Office

机构类别： 代表处

成立时间： 2004年8月

电　　话： +44-2037059200

地　　址： 85 Gresham Street, London, EC2V 7NQ, UK

传　　真： +44-2037059198

网　　址： www.sinosure.com.cn

上海环亚保险经纪有限公司
Shanghai Asian Insurance Brokers Co., Ltd.

上海环亚保险经纪有限公司成立于2002年，总部位于上海，海外业务涉及造船、远洋、港口、石油、电力、天然气勘探开发、新能源等行业。

境外机构： 上海环亚保险经纪（英国）有限公司
Shanghai Asian Insurance Brokers (UK) Ltd.

机构类别： 保险经纪公司

成立时间： 2016年10月

电　　话： +44-2074692530

地　　址： Holland House 1-4 Bury Street London EC3A 5AW

传　　真： 无

网　　址： www.saibuk.co.uk

世纪保险经纪股份有限公司
Century Insurance Broker Co., Ltd.

世纪保险经纪股份有限公司成立于2003年，总部位于北京，业务范围包括财产保险经纪服务、人身保险经纪服务、再保险经纪服务及风险管理咨询服务。

境外机构： 世纪保险经纪股份有限公司伦敦代表处
Century Insurance Broker London Representative Office

机构类别： 代表处

成立时间： 2015年8月

电　　话： +44-2079775680

地　　址： St.CLare House, 30-33 Minories, London, UK, EC3N 1PE

传　　真： +44-2077029276

网　　址： www.bj-cib.com

中国人寿保险（集团）公司
China Life Insurance (Group) Company

中国人寿保险（集团）公司前身是1949年成立的中国人民保险公司，1996年分设为中保人寿保险有限公司，1999年更名为中国人寿保险公司，2003年经重组改制，变更为中国人寿保险（集团）公司。总部位于北京，业务范围涵盖寿险、财险、企业年金、职业年金、资产管理、公募基金、财富管理及商业银行等。

境外机构： 中国人寿伦敦代表处
China Life Investment Management Co., Ltd. U.K. Representative Office

机构类别： 代表处

成立时间： 2016年5月

电　　话： +44-2037417740

地　　址： 13th Floor, Aldgate Tower, 2 Lemon Street, London, E1 8FA, U.K

传　　真： 暂无

网　　址： www.chinalifeinvest.com

中国太平保险集团有限责任公司
China Taiping Insurance Group, Ltd.

中国太平保险集团有限责任公司于1929年在上海成立，总部位于中国香港，业务范围涵盖寿险、财险、养老保险、再保险、再保险经纪及保险代理、互联网保险、资产管理、证券经纪、金融租赁、不动产投资、养老医疗健康产业等领域。

境外机构： 中国太平保险（英国）有限公司
China Taiping Insurance (UK) Co., Ltd.
机构类别： 财险公司
成立时间： 1983年10月
电　　话： +44-2078391888
地　　址： 2 Finch Lane, EC3V 3NA London
传　　真： +44-2079293029
网　　址： www.uk.cntaiping.com

境外机构： 太平再英国有限公司
Taiping Re UK Ltd.
机构类别： 再保险公司
成立时间： 2015年11月
电　　话： 无
地　　址： 5th Floor, 70 Gracechurch Street, London, EC3V 0XL, U.K.
传　　真： 无
网　　址： www.tpre.cntaiping.com

境外机构： 中国保险顾问（欧洲）有限公司（太平）
China Insurance Consultants (Europe) Ltd.

机构类别： 保险专业代理公司

成立时间： 2015年3月

电　　话： +44-2078391888

地　　址： 2 Finch Lane, EC3V 3NA London

传　　真： +44-2079293029

网　　址： www.uk.cntaiping.com

中国再保险（集团）股份有限公司
China Reinsurance (Group) Co., Ltd.

中国再保险（集团）股份有限公司源于1949年成立的中国人民保险公司，2007年整体改制为股份有限公司，总部位于北京，主要业务包括再保险、直接保险、资产管理、保险经纪等。

境外机构： 中再英国有限公司
China Re UK Limited

机构类别： 再保险公司

成立时间： 2011年9月

电　　话： +44-2072839711

地　　址： Upper Ground Floor 1 Minster Court London EC3R 7AA UK

传　　真： 无

网　　址： www.cpcr.com.cn

境外机构： 中再承保代理有限公司
China Re Underwriting Agency Co., Ltd.

机构类别： 保险专业代理公司

成立时间： 2014年8月

电　　话： +44-2072839711

地　　址： Upper Ground Floor 1 Minster Court London EC3R 7AA UK

传　　真： 无

网　　址： www.cpcr.com.cn

境外机构： 中国再保险（集团）股份有限公司伦敦代表处
China Reinsurance (Group) Corporation London Representative Office

机构类别： 代表处

成立时间： 1999年10月

电　　话： +44-2072839711

地　　址： Upper Ground Floor 1 Minster Court London EC3R 7AA UK

传　　真： 无

网　　址： www.chinare.com.cn/zhzjt/461345/index.html

North America

北美洲

美国

中国人寿保险（集团）公司
China Life Insurance (Group) Company

中国人寿保险（集团）公司前身是1949年成立的中国人民保险公司，1996年分设为中保人寿保险有限公司，1999年更名为中国人寿保险公司，2003年经重组改制，变更为中国人寿保险（集团）公司。总部位于北京，业务范围涵盖寿险、财险、企业年金、职业年金、资产管理、公募基金、财富管理及商业银行等。

境外机构： 中国人寿纽约代表处
China Life U.S.Representative Office

机构类别： 代表处

成立时间： 2016年11月

电　　话： +1-6464490530

地　　址： 1120 Avenue of the Americas, Suite 1808, New York, NY 10036

传　　真： +1-6464490530

网　　址： www.clamc.com

中国再保险（集团）股份有限公司
China Reinsurance (Group) Co., Ltd.

中国再保险（集团）股份有限公司源于1949年成立的中国人民保险公司，2007年整体改制为股份有限公司，总部位于北京，主要业务包括再保险、直接保险、资产管理、保险经纪等。

境外机构： 中国再保险（集团）股份有限公司纽约代表处
China Re New York Liaison Office Inc.

机构类别： 代表处

成立时间： 2013年7月

电　　话： +1-2122480810

地　　址： 45, Broadway, Suite 1410, New York NY, 10006

传　　真： +1-2122480830

网　　址： www.chinare.com.cn

Oceania

大洋洲

澳大利亚

中国太平保险集团有限责任公司
China Taiping Insurance Group, Ltd.

中国太平保险集团有限责任公司于1929年在上海成立，总部位于中国香港，业务范围涵盖寿险、财险、养老保险、再保险、再保险经纪及保险代理、互联网保险、资产管理、证券经纪、金融租赁、不动产投资、养老医疗健康产业等领域。

境外机构： 中国太平保险控股有限公司驻澳大利亚代表处
Sydney Representative Office of China Taiping Insurance Holdings Co., Ltd.

机构类别： 代表处

成立时间： 2018年7月

电　　话： +61-0282188555

地　　址： Level 47, MLC Centre, 19-29 Martin Place, Sydney, NSW 2000, Australia

传　　真： 无

网　　址： www.cntaiping.com

后记

2005年，原中国银监会银行监管三部汇编出版了《在华外资银行名录》。2014年，原中国银监会国际部汇编出版了《中资银行海外机构名录》。本次中国银保监会国际部牵头汇编《中国银行业保险业“引进来”和“走出去”机构名录》，是在金融监管机构改革之后，首次将中国银行业和保险业对外开放的“引进来”和“走出去”情况，统一汇总集结出版。本书的编写工作，得到了中国银保监会领导的悉心指导和会内各部门、各相关银行保险机构的协助配合。中国银保监会郭树清主席长期以来一直高度关心金融业对外开放情况。周亮副主席对本书的出版给予了大力支持。在本书编写过程中，中国银保监会国际部廖媛媛、卢巍、胡婕和李国春等同志多次主持内部协调和讨论会，并仔细审阅了书稿。中国银保监会公司治理部、财险部、人身险部、中介部、资金部、非银部等相关部门，相关银保监局及中外资银行保险机构与我们协同配合、紧密协作，为本书提供了重要的资料来源。中国银保监会国际部唐莉同志在本书编写过程中做了大量的组织协调工作，程岩、赵光毅、吴婕、章元、杨豪、冯一涵、张璐、林红轮、李思媛、肖丹、郭正初、陈宝博、高嵩、胡晶、郎德威、吴千里、张頔筱、陈冬萍等同志克服了时间紧、任务重等困难，挤出时间对书稿进行汇总和校对工作，最终确保了编写工作的高效完成。

北京银保监局、上海银保监局、江苏银保监局、福建银保监局、山东银保监局、广东银保监局、四川银保监局、深圳银保监局和中国保险行业协会等单位对本书编写给予了大力支持，在此一并感谢。

此外，以下银行和保险公司的国际事务主管部门为本书提供了大量的资料和数据支持：国家开发银行、中国进出口银行、中国工商银行、中国农业银行、中国银行、中国建设银行、交通银行、中信银行、中国光大银行、华夏银行、广发银行、平安银行、招商银行、上海浦东发展银行、兴业银行、中国民生银行、浙商银行、渤海银行、北京银行、上海银行、富滇银行、东莞银行、厦门国际银行、中国人民保险集团股份有限公司、中国人寿保险（集团）公司、中国太平保险（集团）股份有限公司、中国出口信用保险公司、中国再保险（集团）股份有限公司、中国平安保险（集团）股份有限公司、中国太平洋保险（集团）股份有限公司、新华人寿保险股份有限公司、大家人寿保险股份有限公司、富德生命人寿保险股份有限公司、亚太财产保险有限公司、江泰保险经纪股份有限公司、上海环亚保险经纪有限公司、昆仑保险经纪股份有限公司、世纪保险经纪股份有限公司、泰康资产管理有限责任公司、华泰资产管理有限公司。在此,向所有在本书编写和出版过程中为之付出的人们表示衷心的感谢！

在本书编纂过程中，编写组始终秉持着严谨认真的态度，力求客观准确、翔实简练，但由于时间仓促，个别内容和数据可能仍有纰漏，恳请各位读者批评指正。

本书编写组

二〇二一年七月